油气氢电非综合能源服务商指标体系研究与应用

张 蕾 编著

石 油 工 业 出 版 社

内 容 提 要

本书通过量化指标设计的方法,提出建设"国际知名、国内一流"的油气氢电非综合能源服务商的目标,在明确"油气氢电非综合能源服务商"的内涵和外延的基础上,按照"战略引领"为主体,"先进对标""考核评价"为应用支撑的思路,分别明确了相应的重点指标及其权重,形成整体指标池。进一步结合销售企业发展情况,形成了包含五个方面35个指标的核心指标体系,并将相关成果应用于销售企业实际工作。

本书适合油气新能源、成品油销售企业管理人员阅读参考。

图书在版编目(CIP)数据

油气氢电非综合能源服务商指标体系研究与应用 / 张蕾编著. -- 北京：石油工业出版社, 2025. 6. -- ISBN 978-7-5183-7563-9

Ⅰ. F426.2

中国国家版本馆 CIP 数据核字第 2025SH2588 号

出版发行：石油工业出版社
　　　　　(北京市朝阳区安华里二区 1 号楼　100011)
　　　　　网　　址：www.petropub.com
　　　　　编辑部：(010) 64255590
　　　　　图书营销中心：(010) 64523633
经　　销：全国新华书店
印　　刷：北京中石油彩色印刷有限责任公司

2025 年 6 月第 1 版　　2025 年 6 月第 1 次印刷
710 毫米×1000 毫米　　开本：1/16　　印张：10
字数：256 千字
定价：55.00 元
(如出现印装质量问题,我社图书营销中心负责调换)
版权所有,翻印必究

本书编审组

主　　编：张　蕾

副 主 编：吴红峰　唐守玉　丁少恒　罗艳托　仇　玄

编写人员：朱　宁　赵飞虎　张虹雨　魏　昭　高鲁营
　　　　　高　洁　李　军　程　勇　陈德近　易继荣
　　　　　孙　强　陈俊任　曹　斌　田　思　郑建光
　　　　　蔡德洪　杜华健　牛战壕　乔奇光　赵海楠
　　　　　胡俊峰　张广智　孙文科　杨　浩　马学军
　　　　　周　帅　何龙云　武　斐　王剑波　汤湘华
　　　　　孔劲媛　张　哲　胡爱君　张庆辰　李　想
　　　　　龙迁羽　李叶琛　张瑞敏

审 定 人：王玉杰　张银河　隋　昊

前言

面对世界进入新的动荡变革期，我国发展进入不确定、难预料、因素增多时期，"两个大局"加速演进深度互动，在新的国际背景和国内形势下，推动高质量发展是新时代中国经济社会发展的主题，也是当前和今后一个时期国家和企业发展的内在要求。中国石油是国有重要骨干企业，是我国最大的油气生产和供应企业，奋进高质量发展、加快建设世界一流企业是提升能源产业链供应链韧性和安全水平的重要保证。

"双碳"目标下交通运输行业加快推进绿色低碳转型，燃油车向新能源汽车过渡是大势所趋，新能源汽车市场渗透率不断提升。但未来十五年内成品油消费存量市场仍然可观，认真做好现有油气销售业务仍是首要任务。中国石油天然气集团有限公司（以下简称中国石油）加速推动加油站向综合能源服务站转型，形成"油、气、氢、电、非"多元服务体系是适应未来环境变化的必然要求。

为做好销售企业战略转型和高质量发展，本书通过量化指标设计的方法提出建设"国际知名、国内一流"的油气氢电非综合能源服务商的目标，遵循"政策分析—经验研究—指标设计—方案实施"的逻辑主线，综合运用政策研究、调查研究、文献研究、综合评估等方法展开研究。在明确"油气氢电非综合能源服务商"的内涵和外延的基础上，按照"战略引领"为主体，"先进对标""考核评价"为应用支撑的思路，分别明确了相应的重点指标及其权重，形成整体指标池。进一步结合销售企业发展情况，形成了包含五个方面36个指标的核心指标体系，并将相关成果应用于销售企业实际工作。

行动和实施方案方面，从销售公司层面形成了阶段性发展目标和具体的任务措施，提出了战略发展的整体方向；从销售企业层面，以实证和典型案例的方式，在核心指标的基础上形成了具有各自特点的指标体系并付诸实践，有效指导了企业在高质量发展、行业对标、综合评价等方面的工作。

目录

第一章　绪论	001
第一节　研究目的与意义	001
第二节　国内外研究现状与趋势	004
第三节　技术路线与研究方法	011
第二章　理论概述与经验启示	013
第一节　政策与导向分析	013
第二节　标准与评价方法	021
第三节　案例启示与经验应用	031
第三章　指标体系构建	76
第一节　能源市场形势判断	76
第二节　油气氢电非综合能源服务的内涵与外延	82
第三节　要求与原则	83
第四节　指标设计及说明	86
第四章　创建目标与任务措施	105
第一节　分阶段指标值设计	105
第二节　任务与措施	109
第五章　实证研究与案例分析	115
第一节　广西销售高质量发展示范企业建设综合评价指标体系	115
第二节　安徽销售对标世界一流企业价值创造综合评价指标体系	132
第三节　湖北销售"五个一流"综合评价指标体系	143
第四节　指标应用总结与研究结论	146
参考文献	150

第一章 绪 论

第一节 研究目的与意义

一、打造一流企业是中国石油高质量发展的必然选择

面对世界进入新的动荡变革期，我国发展进入不确定难预料因素增多时期，"两个大局"加速演进深度互动，在新的国际背景和国内形势下，推动高质量发展是新时代中国经济社会发展的主题，也是当前和今后一个时期国家和企业发展的内在要求。

一是党中央明确新时代高质量发展方向。中央强调"高质量发展是全面建设社会主义现代化国家的首要任务"，要加快建设现代化经济体系，加快构建新发展格局，深入推进能源革命，加快规划建设新型能源体系，积极稳妥推进"双碳"工作，推动能源清洁低碳高效利用。奋进高质量发展、加快建设世界一流企业是推进中国式现代化的应有之义。国务院国有资产监督管理委员会（以下简称国资委）要求，国资国企要以更高站位、更强责任、更大力度把国企改革向纵深推进，在推动高质量发展上闯出新路子，推动国有企业坚定走好中国式现代化新道路，为全面建成社会主义现代化强国作出更大贡献。

二是中国石油提出高质量发展建设世界一流企业。中国石油是国有重要骨干企业，是我国最大的油气生产和供应企业，奋进高质量发展、加快建设世界一流企业是提升能源产业链供应链韧性和安全水平的重要保证。中国石油当前的发展仍面临"两大突出矛盾"，即我国经济高质量发展对清洁高效能源的需求与保障国家能源安全能力不足之间的矛盾，以及打造世界一流与自身科技供给不足和管理滞后之间的矛盾。因此，必须加快推进高质量发展，统筹推进世

界一流企业创建示范，不断巩固提高核心竞争力，更好地增强并发挥核心功能，力争到 2030 年全面实现高质量发展、建成基业长青的世界一流综合性国际能源公司，切实担起能源保供"顶梁柱"作用，把能源的饭碗牢牢端在自己手里，为中华民族伟大复兴提供不竭动力。

二、能源转型趋势下，销售业务进行油气氢电非综合布局势在必行

"双碳"目标下交通运输行业需加快推进绿色低碳转型，燃油车向新能源汽车过渡是大势所趋。新能源汽车市场渗透率不断提升，当前纯电动汽车竞争优势较大。交通运输是实现碳中和过程中减碳的重点行业，目前其排放的二氧化碳量大约占全球的 24%，我国交通运输行业占石油消耗量的 50% 以上，碳排放量占全国总排放量的 10% 以上。自 2016 年开始，美国、欧盟、日本等多个国家和地区陆续提出了燃油车禁售计划、倡议或引导政策，时间范畴介于 2025—2040 年；奔驰、宝马、通用、丰田、大众等部分全球知名车企同样明确提出了停售燃油车的时间。纯电动汽车与低能量转化效率、高温室气体排放的燃油汽车相比具有突出优势，随着电池能量密度提升和充电时间缩短，电动汽车行业将得到快速发展。氢燃料电池汽车是新能源汽车的另一赛道，目前仍处于市场培育期，短期内不会对市场带来重大影响，但随着绿氢成本的不断降低以及储氢、加氢等技术的不断提升，在未来也可能成为替代燃油车的主力。

未来十五年内成品油消费存量市场仍然可观，认真做好当前现有油气销售业务仍是首要任务。加油站是中国石油重要的土地资源，高效合理利用是创造最大价值的基本要求，在加油站拓展充电和加氢业务已成为国际石油公司推进终端供能转型的共同选择，中国石油加速推动加油站向综合能源服务站转型，形成"油、气、氢、电、非"多元服务体系是适应未来环境变化的必然要求。

三、通过指标体系量化并实施创建一流方案是销售企业进一步深化发展的需要

自 1998 年重组以来，经过 20 余年的发展，中国石油销售业务充分发挥市场战略主力军作用，发挥产业链整体优势，坚定履行保后路、保效益"双保"使命，成品油年销量稳定在 1.1 亿吨以上，跃升至重组前的 2.5 倍，服务产业链能力稳步提升；加油站总数达到 2.3 万座，占全国加油站总数的比例，由重组之初不足 8%，提高到 20% 以上，零售网点实现全国县级

行政区"全覆盖";昆仑好客便利店超过2万座;以客户关系管理、电子销售平台、销售应用集成、销售信息化配套、物流管理系统2.0、加油站管理系统3.0等信息系统为支撑,深入推进数据运营,经营数据总量超过150TB,智慧销售格局加快构建;积极布局新能源项目;国家油品质量抽查合格率保持100%,连年保持等级以上安全事故"零记录",连年荣膺中国品牌力指数品牌榜榜首,品牌力保持行业领先;队伍建设持续深入,涌现出一大批国家及省部级先进集体、先进个人,展现了过硬销售队伍风采。通过系统上下的共同努力,销售公司初步构筑起"一张销售网络、一批忠诚客群、一套管理体系、一套信息系统、一支精干队伍""五个一"发展格局,为加快创建一流企业打下了坚实基础。

但是,公司在经营管理中也还存在一些不足和短板。主要体现在:一是坚持市场导向、建设现代市场营销体系、加快发展新能源业务等工作,还有较大提升空间;二是优化政策机制、发挥上下合力还有差距,价格传导、营销激励等还存在与实际不相适应的地方,一定程度上影响了各层面积极性的发挥;三是精益营销组织、推动量效齐升做得不够,批零一体、油非互促能力和水平还需提升,"油气氢电非"各业务协同发展格局需要加快构建,成品油市场份额松动,纯枪销售比例下滑,部分企业扭亏解困面临巨大压力;四是经营管理还存在风险漏洞,融资性贸易、违规开展担保业务、虚开发票、过票"走单"等问题仍没有很好解决,与一流企业创建的目标要求相比,依法合规治企还有很长的路要走;五是敢于斗争、善于斗争做得不够,面对复杂市场和企业高质量发展的目标任务,部分干部员工转观念、勇担当、创一流的决心和意志还需加强。

四、指标体系建立拟解决关键问题

为研究销售企业建设"国际知名、国内一流"的"油气氢电非"综合能源服务商指标体系,拟解决三个关键问题。

一是研判国家层面高质量发展以及建设世界一流企业的政策取向。按照党的二十大报告提出的"完善中国特色现代企业制度,弘扬企业家精神,加快建设世界一流企业"部署要求,以及国务院《关于加快建设世界一流企业的意见》,结合国企改革行动要求,本研究将对政策演进脉络和发展趋势进行研判。

二是提出销售企业建设"国际知名、国内一流"的油气氢电非综合能源服务商指标体系。研究将对照中国石油世界一流综合性国际能源公司建设的部署要求，锚定"国际知名、国内一流'油气氢电非'综合能源服务商"的发展定位，设计并形成相应的指标体系。

三是形成销售企业建设"国际知名、国内一流"的油气氢电非综合能源服务行动及实施方案。锚定销售公司"国际知名、国内一流油气氢电非综合能源服务商"的发展定位，结合销售公司实际，制定相应对标标准和实施方案。

第二节 国内外研究现状与趋势

在世界经济舞台上，一国的经济实力和国际竞争力往往集中体现在经营主体的核心竞争力上，只有拥有一批有全球竞争力的世界一流企业，才能在世界经济格局中占据优势地位。经过多年的探索和实践，中国企业总体上实现了跨越式发展，无论是在增长规模上，还是在发展质量上都取得了很大的成绩，也出现了一批有影响力的大企业。然而，这些大企业是否已经成为世界一流企业，或是否已经接近于世界一流企业，仍然没有定论（黄群慧等，2017）。

一、国外研究现状与趋势

国外现有的理论研究及实际探索为世界一流企业内涵的认识做出了良好铺垫。世界一流企业在很多方面具有共同的基因，且符合一致的成长规律。

在西方管理学的语境里，"世界一流"并不是一个规范的学术概念，而是一个与应用性、企业经营管理实践紧密结合在一起的研究议题。有关"一流企业"的一种通俗理解是，能成为其他企业的标准和标杆的企业。世界级企业（The world class enterprises）的概念最早是被 Newman 和 Chen（1999）提出的，通常被认为其概念是与"世界一流"（Best in class）相接近的，他们认为能够成为世界级的企业往往符合规模合理、产品优质、服务周到、管理柔性化等特征，并且能够遵循国际市场秩序，具有保持核心竞争力的能力，有能力在国内外市场中参与到国际级企业之间的竞争。Lee 等（1996）认为世界级企业是行业中最好的，或者与其最好的全球竞争者一样，为客户提供最大价值。Debra（2006）对世界级企业的评价体系包括 6 部分：产品、服务、全面成本、对市场的反应、组织能力和公司责任。

在国外学术研究中，与这一定义接近的另一概念是"卓越企业"

（Excellence Enterprises）。有关卓越企业的研究成果比较丰富，但对卓越企业的界定却存在不同的观点。部分学者从企业的特定属性来认识。例如，Drucker（1954）指出，"企业的唯一目的就是创造顾客"，只有那些懂得如何聚焦客户需求来创造价值的企业才是卓越企业。Porter（1985）则基于竞争优势的角度，认为能够对内部价值链进行调整和优化，并在市场竞争中脱颖而出的企业就是卓越企业。Newman 和 Chen（1999）认为，卓越企业应该是世界级企业，且具有以下属性：合适的规模，优质的产品和服务，有在国内或者国际市场上与跨国公司开展竞争的能力，遵循全球运营规则和标准，实现国际化管理，较高的柔性管理能力和保持核心专长。还有部分学者通过对企业实践进行分析，提炼出了卓越企业的基本特征。例如，Collis（1994）对比了 20 余家全球卓越企业的发展历史，提出卓越企业之所以保持基业长青，关键在于以"价值理念"和"使命、愿景"为核心来实现持续变革和加以改善。总体来看，被定义为"世界一流"的卓越企业通常有能力展现出多方面的优势，并在诸多可与竞争对手相竞技的维度上——无论在产品或服务设计、生产工艺或品质控制等方面，还是在经济绩效、客户满意度、社会价值等方面都能够形成与众不同的市场竞争力、行业领导力和社会影响力。

相对于"世界级企业"和"卓越企业"的定义，世界一流企业还强调了"一流"是在单一类别或属性上的最高表现。美国《商业词典》强调世界一流企业是对内部价值链进行系统调整和持续优化，从而在市场竞争中脱颖而出的能力。与此同时，一些专业性组织也结合全球企业实践，从实践运用层面构建指标体系（或特征），阐述其对世界一流企业的理解和认识。例如，《财富》采用创新能力、产品和服务质量、管理水平、社区与环境责任、吸引与留住人才、国际化经营等指标来评判世界一流企业。麦肯锡（2012）提出，世界一流企业是战略导向、执行能力、进取活力的综合，包括"三标准"：做大（规模），做强（业绩不俗、产品、品牌、价值），基业长青（愿景、价值观、使命与文化、治理与管理体系）。德勤华永会计师事务所（2013）提出了"九要素"评价标准体系，包括战略决策、领导力建设、公司治理、运营与控制、国际化、人才管理、品牌与客户、创新管理，以及经营绩效。罗兰贝格（2017）认为，世界一流企业的特征包括：海外收入份额，跨地区经营利润分配，管理团队整合，拥有综合且独特的发展战略计划，全球品牌或形象影响，全球技术影响力，以及国际化发展治理模式和跨公司合作与拓展合作伙伴关系等。波士顿咨询公司（2017）也提出，世界一流企业需要具备：充裕的资本流通、跨行业信息洞察、集团管理人才储备与集团品牌价值。对于具体的成长路径，主要分为两个方面进行研究。一方面，针对现有世界一流企业发展路径进行划分，并总结各阶段成功的共性经验。Helfat等（2003）认为企业在成熟阶段仍可通过转型等方式实现再发展。黄群慧等（2017）基于企业成长理论视角，对四家世界一流企业进行研究，将成长路径划分为创业、增长、转型和超越四个阶段。另一方面，后发企业通过何种路径与机制实现创新追赶。关于后发企业追赶的文献认为追赶是技术与市场差距逐渐缩小的过程。Hobday（2004）提出后发企业吸收-消化-再创新的追赶路径。Zhu等（2017）指出路径跟随型、路径跳跃型和路径创造型3种技术追赶模式。Minin等（2010）通过观察中国企业的科技追赶，提出"技术搜索—母国优势扩大—母国优势利用"的国际化路径。Lee等（1996）认为客户导向、持续改进、组织弹性、创新型人力资源管理和平等的文化是世界级企业成长发展的内在逻辑。一些学者也着重强调人才对企业发展的重要性，包括员工能力、员工发展、高层管理属性等，如Getz（2009）和Haleem等（2012）认为优秀的高层管理人员相对其他因素更重要，特别是具有世界级愿景并且善于与员工分享愿景和价值观的领导。

世界一流企业国际概念演化见表1-1。

表1-1 世界一流企业国际概念演化

研究方面	观点
卓越企业	Drucker（1954）从企业的特定属性指出，"企业的唯一目的就是创造顾客"，只有那些懂得如何聚焦客户需求来创造价值的企业才是卓越企业
	Porter（1985）则基于竞争优势的角度，认为能够对内部价值链进行调整和优化，并在市场竞争中脱颖而出的企业就是卓越企业
	Peters和Waterman（1982）通过分析IBM、GE、P&G等公司，概括了卓越企业的8个基本属性：崇尚行动、贴近客户、自主创新、以人助产、价值驱动、专注主业、结构简单和宽严并济
	Collis（1994）对比了20余家全球卓越企业的发展历史，提出卓越企业之所以保持基业长青，关键在于以"价值理念"和"使命、愿景"为核心来实现持续变革和加以改善
世界级企业	Lee等（1996）认为世界级企业是行业中最好的，或者与其最好的全球竞争者一样，为客户提供最大价值，并且指出客户导向、持续改进、组织弹性、创新型人力资源管理和平等的文化是世界级企业成长发展的内在逻辑
	Newman和Chen（1999）认为世界级企业具备规模合理、产品优质、服务周到、管理柔性化等特征，并且能够遵循国际市场秩序，具有保持核心竞争力的能力
	Debra（2006）对世界级企业的评价体系包括6部分：产品、服务、全面成本、对市场的反应、组织能力和公司责任

续表

研究方面	观点
世界一流企业	美国《商业词典》强调世界一流企业是对内部价值链进行系统调整和持续优化，从而在市场竞争中脱颖而出的能力
	麦肯锡（2012）提出，世界一流企业是战略导向、执行能力、进取活力的综合，包括"三标准"：做大（规模），做强（业绩不俗、产品、品牌、价值），基业长青（愿景、价值观、使命与文化、治理与管理体系）
	罗兰贝格（2017）认为，世界一流企业的特征包括：海外收入份额，跨地区经营利润分配，管理团队整合，拥有综合且独特的发展战略计划，全球品牌或形象影响，全球技术影响力，以及国际化发展治理模式和跨公司合作与拓展合作伙伴关系等
	Helfat 等（2003）认为世界一流企业在成熟阶段仍可通过转型等方式实现再发展
	Getz（2009）和 Haleem 等（2012）认为对于世界一流企业的发展，优秀的高层管理人员相对其他因素更重要，特别是具有世界级愿景并且善于与员工分享愿景和价值观的领导

二、国内研究现状与趋势

对于国内研究，大多文献主要是对世界一流企业的概念、特征及其成长路径进行讨论。

在概念方面，目前没有统一定论。基于国际可比较、可衡量、可操作的原则，胡鞍钢（2017）、李月清（2023）等国内学者认为，世界一流企业的定义应当同时满足业界公认的三个标准，一是进入世界五百强，二是进入世界同行业前20名，三是必须拥有核心技术知名品牌或国际标准。黄群慧等（2017）指出，应当从多因素系统维度、长时期动态维度对世界一流企业的概念做出描述。一方面，世界一流企业的"领先状态"属于一个系统集成的概念，要求其必须在重要的行业或业务领域中具备强大的整体竞争优势，应当具备重要的行业地位、成为行业标杆、能够实现跨国竞争，且在国际产业体系中能够积极构建和改变市场竞争的制度环境，制定或改变游戏规则，拥有话语权、定价权、规则制定权等（杨杜和欧阳东，2012）；另一方面，世界一流企业应当是经得起时间检验的、能够呈现出持续竞争力的。世界一流企业并非自然天成，必然会经历多个发展阶段，是量的成长和质的成长相结合的不均衡过程，并最终产生一种复合经济效益（杨杜，1996）。世界一流企业不只是单纯规模大、产值高的产业，也不是简单的具有一般竞争力的企业，而是具有不断自主创新能力并将其作为核心支撑，具有综合国际竞争力的企业（潘石和董经纬，2013）。刘泉红（2023）指出，世界一流企业是一个动态性、复合性兼具的概念，并进一步阐述世界一流企业是指拥有极强的规模实力、国际化经营能力和核心竞争力，具备全球领先的产品服务质量、技术水平、品牌影响力、管理机制、人才队伍和企业文化，在资源配置中发挥重要作用，对于所在产业发展具有较强影响力，在全球经济舞台上处于第一方阵的企业。李锦（2022）将世界一流企业定义为是在特定的行业或业务领域内，长期持续保持全球领先的产品竞争力、行业领导力和社会影响力，并获得广泛认可的跨国经营企业。

在特征方面，陶少华（2011）认为世界一流企业应该具有五大特征，一是实行全球战略目标；二是实施多元化发展和跨国并购进行规模扩张；三是技术创新成为公司发展的原动力；四是将新技术新产品作为企业竞争的制高点；五是高度重视人才和企业的科学管理。张文魁（2012）提出了世界一流企业的 8 个特征：竞争、份额、价值、产业（事业、社会贡献）、品牌、人才、机制和文化。周原冰（2012）提出了 7 个要素：战略管理能力和领导力，有机协调的业务体系，充分发挥协同效应和整体优势，高效的集团管控和资源配置能力，持续创新能力，风险管控体系，企业文化。国务院国有资产监督管理委员会（2013）也给出了世界一流企业具备的 13 项要素，为明晰世界一流企业提供了很好的指引。黄速建等（2018）认为面向世界一流企业方向高质量发展的企业具备 7 个特征：社会价值驱动、资源能力突出、产品服务一流、透明开放运营、管理机制有效、综合绩效卓越和社会声誉良好。黄群慧等（2017）和麦肯锡公司认为世界一流企业是能够长期在全球维持领先水平，具有竞争力、行业影响力以及综合实力，并获得全球同行一致认可的企业。董福贵等（2018）强调经济规模、科技创新、产品和服务、品牌影响力、国际化水平和稳定发展等 6 方面的核心特征。杨莲娜（2020）等认为世界一流企业具有四个方面的特征：一是企业规模大，要想成为世界级企业，首先要"做大"；二是企业效益好，这是企业综合实力的体现，也是"做强"并具有持续发展能力的核心内容；三是国际化程度高，这是企业具有国际影响力，并充分利用全球资源，参与全球价值链分工的重要方面；四是企业创新能力强，品牌价值高。王丹等（2021）提出，世界一流企业应当具备硬实力雄厚、软实力卓越、创新能力可持续、国际化程度显著。许保利（2021）认为世界一流企业生产代表行业最高水平的产品，拥有生产同质产品的前沿技术，拥有很强的技术创新能力，企业必须是专业化的，具有明确的使命，相应的业务单元，有一定水平的持续盈利能力，拥有价值链管理能力。李政等（2023）针对国有企业指出，世界一流国有企业必然是产品质量与服务一流、企业效率领先、管理水平先进的企业。

在成长路径方面，陈劲等（2003）提出中国企业海外研发网络的组织形式会从"中心边缘式"向"全球互联式"发展。殷群（2014）认为企业成长为世界级企业有自主创新引领成功、高端合作跨越、低端市场崛起三条路径。在低端市场突破上,苏敬勤等(2019)提出"单一嵌入—合作嵌入—系统嵌入"的全球价值链嵌入深化路径。张振刚等(2020)以动态化视角将世界一流制造企业的演进划分为创业成长、增长发展、转型突破和超越领先四个阶段,按照"发展导向—成长路径—驱动因素"的三层次分析框架构建世界一流制造企业。

对于演进过程方面,黄群慧等(2017)归纳出从资源基础、动态能力、战略柔性和价值导向四维度分析描述一流企业成长的框架,并将世界一流企业成长历程划分为创业阶段、增长阶段、转型阶段和超越阶段。崔新健和欧阳慧敏(2020)认为,从规模增长、效率进阶、创新推动、国际化拓展和全球品牌五个维度进行分析有助于客观认识中国企业全球竞争力的整体状态。

世界一流企业国内相关研究见表1-2。

表1-2 世界一流企业国内相关研究

研究角度	观　点
概念定义	李泊溪(2012)认为世界一流企业是能够在经济、社会和环境等方面不断创新,并被世界公认为具有世界级竞争力的企业
	基于国际可比较、可衡量、可操作的原则,胡鞍钢(2017)等认为,世界一流企业的定义应当同时满足业界公认的三个标准,一是进入世界五百强,二是进入世界同行业前20名,三是必须拥有核心技术知名品牌或国际标准
	黄群慧等(2017)指出,应当从多因素系统维度、长时期动态维度对世界一流企业的概念做出描述
	刘泉红(2023)指出,世界一流企业是一个动态性、复合性兼具的概念,并进一步阐述世界一流企业是指拥有极强的规模实力、国际化经营能力和核心竞争力,具备全球领先的产品服务质量、技术水平、品牌影响力、管理机制、人才队伍和企业文化,在资源配置中发挥重要作用,对于所在产业发展具有较强影响力,在全球经济舞台上处于第一方阵的企业
特征描述	陶少华(2011)认为世界一流企业应该具有五大特征,一是实行全球战略目标;二是实施多元化发展和跨国并购进行规模扩张;三是技术创新成为公司发展的原动力;四是将新技术新产品作为企业竞争的制高点;五是高度重视人才和企业的科学管理
	张文魁(2012)提出了世界一流企业的8个特征:竞争、份额、价值、产业(事业、社会贡献)、品牌、人才、机制和文化
	国务院国有资产监督管理委员会(2013)也给出了世界一流企业具备的13项要素,为明晰世界一流企业提供了很好的指引

续表

研究角度	观 点
特征描述	黄速建等（2018）认为面向世界一流企业方向高质量发展的企业具备七个特征：社会价值驱动、资源能力突出、产品服务一流、透明开放运营、管理机制有效、综合绩效卓越和社会声誉良好
	李政等（2023）针对国有企业指出，世界一流国有企业必然是产品质量与服务一流、企业效率领先、管理水平先进的企业
成长路径	殷群（2014）认为企业成长为世界级企业有自主创新引领成功、高端合作跨越、低端市场崛起3条路径
	苏敬勤等（2019）提出"单一嵌入—合作嵌入—系统嵌入"的全球价值链嵌入深化路径
	张振刚等（2020）以动态化视角将世界一流制造企业的演进划分为创业成长、增长发展、转型突破和超越领先四个阶段，按照"发展导向-成长路径-驱动因素"的三层次分析框架构建世界一流制造企业对于演进过程

国外学者从基本定义出发，由早期的"卓越企业"跃迁到"世界级企业"，再进一步强调"世界一流企业"的行业领头属性，本质是由企业内部管理扩展到企业与外部社会的联系，并且整合实践中的各项标准对世界一流企业的特征做出概括，主要结论是"世界一流"企业必须在多个方面展现出卓越的能力和优势，能够在聚焦客户需求来创造价值的同时通过内部价值链的调整保持强大的核心竞争力。国内学者研究主要是结合我国国家背景对世界一流企业的概念、特征、成长路径做出阐述。在概念上，初期的观点集中在企业的竞争力等各项表现应当符合硬性的世界标准，逐渐转化为强调从多维、动态的角度去评判企业的世界一流性。在特征上，基本都认同世界一流企业应当具备多项特征，基本能力集中在四个方面：全球范围内的综合竞争实力、科学技术领域上的创新能力、经营管理的可持续发展能力以及承担履行社会责任的能力。在成长路径上，多维度、多阶段地从高端、低端两个角度进行了总结，强调需要企业自身与外部政策环境的共同努力。

综合国内外已有研究可以发现，世界一流企业的评判及标准既具有综合性，又具有独特性。综合性在于世界一流企业通常应当具有较强的综合实力表现，能够多维度、动态化、长期性地展现自身实力，并且其中不同要素之间的组合往往能够产生出不同的综合效益。独特性在于世界一流企业需要在一些关键要素上具有比较优势和核心竞争力，通过灵活配置和利用各种要素来塑造持续的阶段性竞争优势，并能够根据社会、市场发展的需要来进行持续的演化和升级。由此，世界一流企业的衡量应当兼备综合实力和关键要素的比对，在对标国内外先进企业指标值的基础上，构建多层次、全方位的评判体系。

第三节 技术路线与研究方法

一、技术路线

立足党的二十大报告提出的"完善中国特色现代企业制度，弘扬企业家精神，加快建设世界一流企业"部署要求，以及国务院《关于加快建设世界一流企业的意见》（以下简称《意见》），对照中国石油世界一流综合性国际能源公司建设的部署要求，锚定"国际知名、国内一流油气氢电非综合能源服务商"的发展定位，开展指标体系设计研究。在此基础上，深入探究世界一流企业的经营管理经验，总结代表性经营启示，进而提出销售企业建设"国际知名、国内一流"的实施方案。采用数值模拟、理论推演、情景分析等方法，从供给高效、产品卓越、品牌卓著、创新领先、治理现代等方面形成相应指标的目标值，并对任务措施进行分解。最后，分析和总结销售企业对本成果的应用和落实情况。

整体研究遵循"政策分析—经验研究—指标设计—方案实施"的逻辑主线，综合运用政策研究、调查研究、文献研究、综合评估等方法展开研究。课题研究框架图如图1-1所示。

二、研究方法

为高质量完成研究任务，本研究拟综合运用如下研究方法：

（1）文献研究与理论研究方法。对生产理论、产业经济理论、可持续发展理论等相关研究文献及一流企业建设政策进行系统梳理和把握，覆盖理论文献与政策文本研究两个维度、全球与国内两个视角、行业与企业两个维度。同时，强化指标设计方法创新，提出建设"国际知名、国内一流"的油气氢电非综合能源服务商的必要性与迫切性。

（2）调查研究与经验研究方法。积极开展实地调研、专家访谈和企业座谈，选择国内外典型企业进行案例、专题等经验分析，提出建设"国际知名、国内一流"的油气氢电非综合能源服务商一般性经验和存在的典型路径。

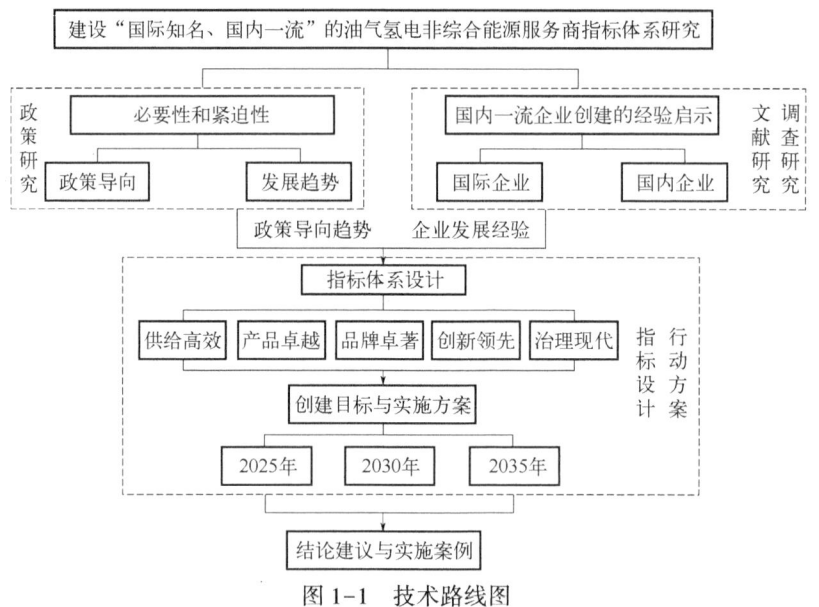

图 1-1 技术路线图

（3）规范研究与政策研究方法。强化联系实际和目标导向，从推动销售企业高质量发展出发，有针对性地从国内外相关经验中提炼适合销售企业的指标体系。通过规范研究、定性与定量相结合，形成指标体系和路径取值标准。结合典型案例分析提出进一步建设落实的具体政策建议。

第二章 理论概述与经验启示

第一节 政策与导向分析

国家高度重视推动企业群体加快建设世界一流企业的步伐,通过一系列的制度设计和政策供给,引导和支持培育建设世界一流企业。党的十八大以来,针对培育建设世界一流企业存在认知不足、标准不清、路径不明的问题,国家在顶层设计和具体实践操作中做出诸多努力。

一、顶层设计

(一) 战略方向

我国始终坚持以建设世界一流企业作为重要的战略方向。2010 年 12 月,国务院国资委明确将"做强做优中央企业、培育具有国际竞争力的世界一流企业"作为"十二五"时期中央企业改革发展的核心目标,将其确立为一项长期性、战略性的目标任务,提出要通过"十二五"乃至更长时期的努力,加快培育一批世界一流企业。此后,培育建设世界一流企业更是成为重要的国家战略。2012 年 11 月党的十八大指出,"必须实行更加积极主动的开放战略""加快走出去步伐,增强企业国际化经营能力,培育一批世界水平的跨国公司"。2017 年 10 月党的十九大进一步提出,"加快完善社会主义市场经济体制""深化国有企业改革,发展混合所有制经济,培育具有全球竞争力的世界一流企业"。2020 年 10 月党的十九届五中全会审议通过《中共中央关于制定国民经济和社会发展第十四个五年规划和二〇三五年远景目标的建议》,提出要"激发各类市场主体活力""弘扬企业家精神,加快建设世界一流企业"。2022 年 2 月中央全面深化改革委员会第二十四次会议审议通过《关于加快建设世界一流企业的指导意见》（以下简称"意见"），进一步强调要"加快建设一批产品卓越、品牌卓著、创新领先、治理现代的世界一流企业，在全面建设社会主义现代化国家、实现第二个百年奋斗目标进程中实现更大发展、发挥更大作用"。2022年10月党的二十大报告指出，要"完善中国特色现代企业制度，弘扬企业家精神，加快建设世界一流企业"。2024年7月党的二十届三中全会通过的《中共中央关于进一步全面深化改革、推进中国式现代化的决定》进一步强调，要"完善中国特色现代企业制度，弘扬企业家精神，支持和引导各类企业提高资源要素利用效率和经营管理水平、履行社会责任，加快建设更多世界一流企业"。中央多次重申和强调加快建设世界一流企业，为推动中央企业建设世界一流企业指明了战略方向并提出了明确要求。这一战略方向的确定在根本上肯定了建设世界一流企业的重大价值意义。从战略考量来看，2022年7月召开的地方国资委负责人年中工作视频会议指出，国有企业加快建设世界一流企业是应对世界百年未有之大变局的战略举措，是走中国式现代化新道路的重要支撑，是做强做优做大国有企业的迫切要求。从基础条件来看，我国目前已经构建了较为完善的辅助政策体系。中央全面深化改革委员会第二十四次会议指出，党的十八大以来，党中央出台一系列保护支持企业发展的政策措施，促进各类企业健康发展，一些行业领军企业已经形成较强的国际竞争力。从实际发展来看，国务院国资委早在确定"十二五"时期中央企业改革发展思路时就指出，中央企业缺乏真正具有国际竞争力的大公司大企业集团，核心竞争力和国际竞争力还不强。2020年6月国务院国资委印发《关于开展对标世界一流管理提升行动的通知》，指出国有企业"与世界一流企业相比，仍存在管理制度不完备、体系不健全、机制不完善、执行不到位等问题，一定程度上影响了企业发展的质量和效益"。2023年，国资委再次发文《关于开展对标世界一流企业价值创造行动的通知》，强调要坚持对标一流、突出重点、问题导向、分类施策加快建设世界一流企业。国家在顶层设计中对建设世界一流企业的价值意义进行多维阐释，有利于推动全社会对中央企业加快建设世界一流企业形成基本的思想共识。

（二）相关标准

除了战略方向、战略价值的确定，我国政策体系进一步明晰了世界一流企业的定义及相关标准。在定义描述方面，国务院国资委在确定"十二五"时期中央企业改革发展总体思路时，将世界一流企业界定为具有如下四个方面主要特征的企业：主业突出，公司治理良好；拥有自主知识产权的核心技术和国际知名品牌；具有较强的国际化经营能力；在国际同行业中综合指标处于先进水平，形象良好，有一定的影响力。2019 年 1 月国务院国资委印发《关于中央企业创建世界一流示范企业有关事项的通知》，将世界一流企业特征概括为"三个领军""三个领先""三个典范"。"三个领军"是要成为在国际资源配置中占主导地位的领军企业，引领全球行业技术发展的领军企业，在全球产业发展中具有话语权和影响力的领军企业；"三个领先"是指效率领先、效益领先和品质领先；"三个典范"是要成为践行绿色发展理念的典范、履行社会责任的典范、全球知名品牌形象的典范。2022 年 2 月中央全面深化改革委员会第二十四次会议审议通过的《关于加快建设世界一流企业的指导意见》，将世界一流企业明确界定为"产品卓越、品牌卓著、创新领先、治理现代"的企业。国家在顶层设计中对世界一流企业内涵和特征的界定逐步深化，为推动中央企业建设世界一流企业奠定了认知基础、提供了基本遵循。

在建设标准方面，一是对于建设要素及特征进行描述。在 2011 年，国务院国资委就提出世界一流企业应当具备的十三项要素，包括建立起规范健全的法人治理结构；主业突出，具有较强核心竞争力等。在此基础上，2013 年 1 月国资委印发《中央企业做强做优、培育具有国际竞争力的世界一流企业对标指引》，提出公司治理、人才开发与企业文化等十三项要素，并从目标、指导原则、关键举措、支撑保障和要素关联度等多个方面明确了每一项要素的具体要求。2019 年 1 月国资委印发的《关于中央企业创建世界一流示范企业有关事项的通知》对"三个领军""三个领先""三个典范"的世界一流企业标准进行了细化，提出了各项标准的具体要求。2020 年 6 月国资委印发《关于开展对标世界一流管理提升行动的通知》，提出要在中央企业和地方国有重点企业开展对标世界一流管理提升行动，以对标世界一流为出发点和切入点，对照世界一流企业、行业先进企业找差距，有针对性地采取务实管用的工作措施，推动部分国有重点企业管理达到或接近世界一流水平。与此同时，还指出了对标提升行动的八项重点任务，包括：加强战略管理，提升战略引领能力；加强组织管理，提升科学管控能力等。更进一步，根据国资委 2022 年 7 月披露的信息，目前已初步形成体现创新力等 4 个一级指标，包括研发投入强度等 13 个二级指标的世界一流企业评价指标体系。国家在顶层设计中对建设世界一流企业的标准不断明确和动态优化，为推动中央企业建设世界一流企业提供了更加清晰的定位和具体的实施指引。二是通过设立标杆确立具体操作标准。2019 年 1 月国资委印发《关于中央企业创建世界一流示范企业有关事项的通知》，确定了 10 家中央企业为创建世界一流示范企业（2019 年 12 月中国宝武集团被确定为第 11 家创建示范企业），示范企业可以自主决策、综合运用混改、员工持股、股权激励等各项国企改革政策。《国企改革三年行动方案

（2020—2022年）》也将"深化世界一流企业创建示范工程"作为五大国企改革专项工程之一，要求综合运用多项措施，支持国有企业做强做优做大，发挥示范引领和突破带动作用。此外，国资委还通过重点领域建设行动推动世界一流企业创建，如在品牌影响力方面，国资委早在2013年12月印发的《关于加强中央企业品牌建设的指导意见》中就提出，中央企业要培育一批拥有自主知识产权和国际竞争力的自主品牌。2020年5月，国资委提出探索开展"品牌提升专项行动"，目前正在筹备实施"中央企业品牌提升行动"，以加快打造具有广泛影响力的国际领先品牌。在财务管理方面，2022年2月印发了《关于中央企业加快建设世界一流财务管理体系的指导意见》，提出"通过10~15年的努力，绝大多数中央企业建成与世界一流企业相适应的世界一流财务管理体系，一批中央企业财务管理水平位居世界前列"。

中央对世界一流企业建设要素有关政策的汇总见表2-1。

表2-1 中央对世界一流企业建设要素有关政策的汇总

来源	主要内容
2010年12月国资委"十二五"时期中央企业改革发展总体思路提出四个主要特征	（1）主业突出，公司治理良好； （2）拥有自主知识产权的核心技术和国际知名品牌； （3）具有较强的国际化经营能力； （4）在国际同行业中综合指标处于先进水平，形象良好，有一定的影响力
2011年国资委提出世界一流企业具备的十三项要素	（1）建构规范健全的法人治理结构； （2）主业突出，具有较强核心竞争力； （3）自主创新能力强，拥有自主知识产权的核心技术； （4）发展能力较强，跨国指数较高； （5）拥有国际知名品牌； （6）具有合理的经济规模与较强的盈利能力； （7）激励约束机制健全； （8）集中有效的集团管控模式； （9）风险管理体系完善，风险管控能力；管理信息化处于较高水平； （10）重视领导力建设，建立起学习型组织； （11）具有先进独特的企业文化和较强的社会责任 ……
2013年1月国资委《中央企业做强做优、培育具有国际竞争力的世界一流企业对标指引》培育世界一流企业的十三项要素	（1）公司治理；　　　　　（8）风险管理 （2）人才开发与企业文化；（9）信息化； （3）业务结构；　　　　　（10）并购重组； （4）自主研发；　　　　　（11）国际化； （5）自主品牌；　　　　　（12）社会责任； （6）管理与商业模式；　　（13）绩效衡量与管理 （7）集团管控；

续表

来源	主要内容
2019年1月国资委《关于中央企业创建世界一流示范企业有关事项的通知》概括出"三个领军""三个领先""三个典范"	(1) "三个领军"是要成为在国际资源配置中占主导地位的领军企业，引领全球行业技术发展的领军企业，在全球产业发展中具有话语权和影响力的领军企业； (2) "三个领先"是指效率领先、效益领先和品质领先； (3) "三个典范"是要成为践行绿色发展理念的典范、履行社会责任的典范、全球知名品牌形象的典范
2020年6月国资委《关于开展对标世界一流管理提升行动的通知》提出八项重点任务	(1) 加强战略管理，提升战略引领能力； (2) 加强组织管理，提升科学管控能力； (3) 加强运营管理，提升精益运营能力； (4) 加强财务管理，提升价值创造能力； (5) 加强科技管理，提升自主创新能力； (6) 加强风险管理，提升合规经营能力； (7) 加强人力资源管理，提升科学选人用人能力； (8) 加强信息化管理，提升系统集成能力
2022年7月国资委初步形成4个一级指标、13个二级指标的世界一流企业评价指标体系	(1) 创新能力维度（研发投入强度、国际发明专利数、国际标准数量）； (2) 全球话语权和影响力维度（产品或服务水平、产业链控制力、品牌影响力）； (3) 全球化能力维度（海外资产总额、海外营业收入、海外员工总数）； (4) 效益效率维度（净资产收益率、营收利润率、全员劳动生产率、净利润）

二、实践操作

在国家顶层设计的指引下，中央企业和国有企业围绕着创建世界一流企业的目标积极开展相关实践，从对标管理与提升、示范标杆创建、深化国有企业改革入手，探索建设世界一流企业的实现方式和路径。

（一）对标管理与提升

对标管理与提升是中央企业建设世界一流企业的重要实现方式。在国资委的统一部署下，中央企业于2013年和2020年两次开启对标世界一流管理提升的行动，通过找差距、补短板、锻长板全面朝着世界一流企业方向迈进。在最新一轮的对标世界一流管理提升行动中，中央企业围绕着战略管理、组织管理、运营管理、财务管理、科技管理、风险管理、人力资源管理和信息化管理八个方面，聚焦"与谁对""对什么""怎么对"的核心问题，按照部署、组织落实和评估深化三个阶段予以全面推进。根据国资委披露的信息，中央企业分层级分领域确定了1000多家领先企业作为对标对象，共设置了2425个可量化提升指标。中央企业普遍建立了"一个实施方案、一个提升清单、一套对标样本、一套评价体系"的"四个一"对标提升模式，形成了全过程、全级次、全方位的对标管理体系。例如，南方电网公司制定和印发了《南方电网公司对标世界一流管理提升行动（2020—2022年）实施方案》，提出在九大领域对标世界一流企业、行业先进企业、细分领域冠军，明确9个方面35项重点举措127项具体任务，并附有"对标提升工作清单"。与此同时，南方电网公司建立了包括自身在内的52家对标样本企业库，提出了世界一流企业建设的28个关键指标。中国中车集团制定了"1+10+N"的对标管理提升行动纲领文件体系，其中"1"即《中国中车集团公司对标世界一流管理提升行动实施方案》，"10"即10个专项提升行动实施方案，"N"是各一级子公司对标提升行动实施方案（王欣，2023）。

（二）示范标杆创建

示范标杆创建是一种发挥先进企业引领示范作用的行之有效的方法和手段。在国资委的统一部署下，中央企业群体层面开展了世界一流示范企业创建行动，航天科技、中国石油、国家电网、中国三峡集团、国家能源集团、中国移动、中国宝武、中航集团、中国建筑、中国中车集团、中广核等11家中央企业都高度重视，围绕"三个领军""三个领先""三个典范"的世界一流企业核心内涵，全面推进世界一流示范企业创建工作，取得了重要进展和成效，对其他中央企业的示范引领作用日益彰显。例如，国家能源集团制定和印发了《国家能源集团创建世界一流示范企业推进方案》，由1个主方案和7个配套措施组成，全面、详实规划了创建总体目标及分阶段目标、行动纲领、实施路线图和时间表。按照这一推进方案，国家能源集团积极打造创新型、引领型、价值型企业集团，推进清洁化、一体化、精细化、智慧化、国际化发展（"三型五化"），努力实现安全一流、质量一流、效益一流、技术一流、人才一流、品牌一流和党建一流（"七个一流"），加快创建具有全球竞争力的世界一流示范企业。为了更加有效地开展世界一流管理对标，分层分类总结提炼管理提升成功经验，国资委于2021年开展了管理标杆企业、标杆项目和标杆模式（"三个标杆"）创建行动，以发挥管理标杆"以点带面"的示范带头作用。2021年国资委公布了国有重点企业管理标杆创建行动标杆企业、标杆项目和标杆模式名单，共有200家标杆企业、100个标杆项目和10个标杆模式入选，其中包括中央企业143家标杆企业、81个标杆项目和9个标杆模式。中央企业的9个标杆模式是在长期管理实践中形成的，具有领先性和科学性，成效显著且可以示范推广的管理模式，包括中国宝武的企业整合融合管理模式、华润集团的世界一流战略导向管理模式等。

（三）深化国有企业改革

世界一流企业创建与深化国企改革并不是相互独立和割裂的，而是紧密关联和高度协同的。深化国企改革不仅为中央企业建设世界一流企业提供了重要动力，而且成为中央企业创建世界一流企业的协同支撑。围绕股权结构调整和相应的公司治理制度变革，国企先后经历了多轮改革。从中国国企改革的发展历史来看，针对国企的所有权改革以及改制，是1978年改革开放之后经过长达20年的时间，逐步摸索出来的一条道路。从国企改革的方向来看，无论是20世纪90年代召开的数次重要会议，还是新世纪初召开的国企改革会议，都明确了推进国有企业所有权改革的方向（余敏，2006）。2006年十六届三中全会召开，确定了大力推动混合所有制发展的方针，集体资本和民营资本都可以参股到国有企业中，实现公有制的多种实现形式，同时再次强调了在部分领域由国有资本控股的必要性，可以采取绝对控股的方式，也可以采取相对控股的方式。在2013年召开的中国共产党第十八届三中全会上，推进国企改革被党中央确定为新时期全面深化改革中的关键任务之一，进一步将"大力发展"混合所有制的提法升级为"积极发展"混合所有制，同时提出将推动更多的国有企业和非国有企业发展为混合所有制企业，并提出可以由非国有资本来对混合所有制企业进行控股。继十八届三中全会之后，中央在2015年8月颁布了《关于深化国企改革的指导意见》，以此为基础，相关部门陆续推出了20多个配套文件，不断完善现代企业的各项制度。

落脚在企业层面，推进公司治理体系和治理能力现代化是向世界一流企业迈进的必由之路。戴厚良董事长在2024年年中工作会上强调："推进公司治理体系和治理能力现代化，特别是着力提升治理能力，既是进一步全面深化改革的重要内容，也是加快建设世界一流企业的动力和保障。"具体地，持续完善公司治理的结构、组织、运行、制度、监督和党建"六大体系"，加快提升观念转变能力、战略执行能力、科技创新能力、强化管理能力、依法治企能力、风险防控能力、党的建设与政治能力。

党的十八大以来，在"1+N"政策体系的顶层设计下，深化国企改革取得多个方面的重要突破，中央企业的体制机制改革步伐明显加快。特别是，国企改革三年行动的实施，推动中央企业在多个重点领域和关键环节取得了新的突破。根据国资委披露的信息，截至2022年6月底，中央企业和地方省级层面的改革任务举措均已完成95%以上，国企改革三年行动的主体任务基本完成。中央企业在混合所有制改革、重组整合、"两非"（非主业、非优势业务）剥离、公司制改革、三项制度改革等方面加快推进和取得实质性进展，中国特色现代企业制度更加成熟定型。

三、总结

综上，我国建设世界一流企业的政策体系目前已经经历三个阶段，第一阶段是"系统提出"阶段，在2010—2013年系统提出了建设世界一流企业的目标以及初步确定相关要素；第二阶段是"加快深化"阶段，在2019—2021年先后提出了"两个三年"的对标世界一流的改革行动，以中央企业、国有企业的深化改革为抓手，引导企业对标先进找差距，加快一流企业建设；第三阶段是"精准升级"阶段，即现阶段所处环境，进一步明确了建设世界一流企业的整体标准和世界一流财务管理体系的全景框架，确立了"十四五"期间乃至更长时期内我国加快建设世界一流企业的基本路径。

我国高度重视世界一流企业建设，将培育世界一流企业作为长期性、战略性的目标任务，逐步构建起了强导向、标杆式、动态化的政策体系。一是政府通过各项会议、报告内容等方式，肯定了建设世界一流企业的战略方向和战略价值，向社会各界不断释放建设世界一流企业的积极信号，具有较强的引导作用。二是各项政策以中央企业、国有企业为先，持续推动世界一流企业标准建设，以期真正发挥标杆的示范作用。一方面，对标国际发展情况指出中央企业、国有企业在世界一流标准方面存在的问题，并明确总体发展思路。另一方面，针对中央企业、国有企业改革发布标准指引，推动发挥示范企业作用。三是不断更正、明晰世界一流企业的建设要素及建设标准，积极吸纳国内外实践经验，务实建设世界一流企业的推进路径，稳步予以实施。

对于未来发展，政策趋势可能以注重实体、分类推进、弥补短板为方向。我国企业目前整体上呈现出"大而不强"的特点，规模、上榜数量等虽然有了整体提升，但在技术创新、核心竞争力、内部管理等方面仍然存在一定差距（崔新健等，2020）。一是加强实体经济的支撑性，注重产业体系发展。2023年4月召开的中共中央政治局会议强调，"要加快建设以实体经济为支撑的现代化产业体系"。因此，可能的政策趋势是将会着重建设实体企业的世界一流标准，尤其考虑到企业环境治理、社会责任等绿色绩效导向，可能会格外注重能源发展领域，并为其升级转型提供相关引领和帮扶。二是分类推进不同属性、不同行业企业的世界一流标准。考虑到各个企业类型之间存在着客观差异，发挥关键作用的要素各不相同，除综合性实力表现外还应当注意各个属性、行业的特殊性。三是进一步瞄准短板引领升级，如技术创新、品牌建设、国际影响力等方面，仍然是我国企业存在较大不足的领域。

第二节 标准与评价方法

基于全球企业实践，学界和业界针对世界一流企业构建起多种评价指标体系。这些评价体系均致力于针对企业综合实力提出相对客观的检验标准。

一、国外研究方法

对于国外世界一流企业评价指标体系，可从两方面进行考虑。

一方面，部分学者和机构直接以世界一流企业为主旨构建了评价体系，从不同标准对其做出了要求。一是德勤在《对标具有全球竞争力的世界一流企业——国际前瞻视野　领航管理创新》中归纳总结了"具有全球竞争力的世界一流企业十要素"，包括4个企业管理的基本要素——战略管理、公司治理、管控与运营、领导力建设，和6个提升企业竞争力的核心要素：国际化、人才管理、创新管理、品牌管理、并购管理和数字化。战略管理层面要求能够充分发挥战略统领作用，坚守核心价值和目标，同时具有高度灵活性和适应性，核心要素包括战略执行和可持续发展。公司治理层面要求指股东大会、董事会、监事会、经理层各司其职，规范运用，能够形成科学决策、有效制衡的公司治理机制。管控与运营层面是指可以适应技术变革，组织运营模式"客户导向、敏捷、透明、协作"。领导力建设层面是要求企业领袖能够鼓励团队建立共同视野，强调创新，催化积极变革。国际化层面是要求企业国际影响力强，准确定位适合自身发展的国际化模式，在快速发展的新兴市场占有先机。人才管理层面要求关键人才队伍规划聚焦企业战略性增长点及产业链核心价值创造环节，注重与外部专业机构的密切合作。创新管理层面是要求企业要掌握具有自主知识产权的关键核心技术，突破行业发展的技术瓶颈。品牌与客户层面是要求企业品牌在全球范围内成为品质和价值的保障，品牌美誉度和客户忠诚度高。并购管理层面是要求通过推行"百日计划"与中长期投后管理机制，保障并购活动的方向正确、推行整合有序。数字化层面是要求企业合理部署恰当的数字化能力，将运营与数字化合二为一，能够改变自身运作模式从而实现洞察导向和敏捷反应。二是麦肯锡提出了业绩与健康为核心一级指标的世界一流企业对标衡量体系，帮助企业真正找到差距和出路。衡量企业业绩，主要涉及六个维度——价值创造力、市场领导力、全球影响力、资源运筹力、产品创新力和环境持续力。而组织健康指标则由九大元素构成，分别是领导力、方向、文化和氛围、职责、协调与控制、能力、激励、外部导向以及创新与学习。

另一方面，结合世界一流企业概念分析，部分国际机构提出企业评价指标体系的要求是相似的。一是德鲁克研究会从顾客满意度、员工参与和发展、创新能力、社会责任、财务实力五个方面对世界一流企业做出评价。"顾客满意度"是德鲁克认为企业开展具体业务的使命和宗旨，具体涉及了消费者满意度、品牌忠诚度、产品评级和服务质量偏差等指标。"员工参与和发展"维度中，评价要素关注员工对企业组织的认可程度，例如企业的文化价值观，员工对企业雇主的满意程度，对企业发展的信心水平等；关注各层级员工的能力水平，例如 CEO 评级、职业机会评级等；还关注个体人员的发展与待遇，例如员工的晋升发展，员工薪酬设置的科学性、福利待遇的吸引力等。在"创新能力"维度中，评价要素关注创新的投入和产出两个方面。创新投入如科研人员、资金投入情况，产出包括专利数量、商标申请、专利价值、专利放弃率等质量性指标，比较具有创新性和借鉴意义的两个指标分别是结合供应链的创新评价、客户对创新的评价，前者可以体现出企业在创新平台等组织体系上的优化程度，后者能够体现出企业创新与市场需求的衔接水平。在"社会责任"维度中，榜单关注企业是否将社会责任的履行纳入业务战略发展体系中，通过管理改善提升社会责任履行的效果，以及具体在员工、环境、社区、供应链、治理等方面的表现情况等。"财务实力"维度主要包括一些常规的财务指标，如 EVA 指标、利润指标、市场份额、股东回报三年平均值等。二是美国《财富》最受赞誉公司榜单从管理、领导力质量、产品和服务质量、创新能力、社会责任、合理使用企业资产、经营全球业务的有效性、作为长期投资的价值、财务状况稳健性、吸引和留住人才的能力等共 9 大指标，衡量各行业领军企业在全球的综合竞争力。三是福布斯全球企业 2000 强基于 4 项衡量指标——销售额、利润、资产及市值。按照公司规模对其排名时，本榜单赋予各指标的权重相等。一家公司按照每个指标分别得到一个分数。然后，福布斯将各项分数汇总形成复合分数，复合分数最高的公司排名也最高。国际世界一流企业评价指标体系汇总见表 2-2。

表 2-2 国际世界一流企业评价指标体系汇总

来源	一级指标	二级指标	三级指标
德勤《对标具有全球竞争力的世界一流企业——国际前瞻视野 领航管理创新》		战略管理	
		领导力建设	
		公司治理	
		管控与运营	
		国际化	
		人才管理	
		创新管理	
		品牌与客户	
		并购管理	
		数字化	
麦肯锡世界一流企业评价体系	企业绩效	价值创造力	—
		市场领导力	
		全球影响力	
		资源运筹力	
		产品创新力	
		环境持续力	
	组织健康	领导力	—
		方向	
		文化和氛围	
		问责	
		协调与控制	
		才能	
		激励	
		外部导向	
		创新与学习	
Song 等（2019）	规模	企业规模	营业收入
			总资产
	经营业绩	盈利能力	利润总额
			总资产收益率
		经营效率	成本利润率
		风险控制水平	资产负债率
	行业地位	市场地位	市场占有率

第二章 理论概述与经验启示 | 023

续表

来源	一级指标	二级指标	三级指标
Song 等（2019）	成长潜力	创新能力	技术投入率
		可持续增长能力	销售收入增长率
	国际影响力	国际化	海外资产占比
		品牌影响	Interbrand 排名
美国德鲁克研究会《美国公司管理成效榜单》		顾客满意度	
		员工参与和发展	
		创新能力	
		社会责任	
		财务实力	
美国《财富》最受赞誉企业榜单		管理和领导力质量	
		产品和服务质量	
		创新能力	
		社会责任	
		合理使用企业资产	
		经营全球业务的有效性	
		作为长期投资的价值	
		财务状况稳健性	
		吸引和留住人才的能力	
福布斯全球企业 2000 强		销售额	
		净利润	
		资产规模	
		市场价值	
Thomson Reuters 全球百大科技领导企业		财务	
		管理与投资者信心	
		风险与韧性	
		法律合规	
		创新	
		人文与社会责任	
		环境影响	
		声誉	

二、国内研究方法

对于国内世界一流企业评价指标体系，目前研究主要分为整体评价指数和分类评价指数两种。

（一）整体评价指数

整体评价指数是指对于世界一流企业整体发展的衡量体系，主流的有七种类型（表2-3）：

一是2022年7月国务院国资委初步形成的涵盖创新能力、全球话语权和影响力、全球化能力、效益效率4个维度一级指标、13个二级指标的世界一流企业评价指标体系。

二是国资委考核分配局课题组在《世界一流企业评价对标研究——指标、标杆与实例》中，提出的世界一流企业指数，包括经营实力、财务绩效、技术经济三类一级指标和二级指标，将反映企业经营实力的六部分指标和反映财务绩效的四部分指标的评价得分率相乘作为世界一流企业基本分，将符合行业特点、反映企业核心竞争力的技术经济指标评价得分作为附加分，基本分与附加分之和形成世界一流企业指数，以行业前十位企业为达到世界一流企业水平。

三是国务院发展研究中心围绕规模、效率、增长、国际化四个层面，演化出了10个具体指标来进行衡量。

四是孟庆斌（2023）依据《关于加快建设世界一流企业的意见》所提出的16字方针，提出世界一流企业评价的SUPER模型。其中，"S"即"产品卓越"（Superior product），"U"即"品牌卓著"（Uppermost brand），"P"即"创新领先"（Perfect innovation），"E"即"治理现代"（Effective governance），"R"即"参与者"（Racer），代表着每一家奋斗在勇创世界一流企业之路上的企业，这5个首字母组成在一起，构成"SUPER"一词，英文之意为"超级"，与"世界一流企业"所强调的"一流"高度吻合。其中，前四个字母分别对应《关于加快建设世界一流企业的意见》所提出的16字方针所涉及的四个方面——产品卓越、品牌卓著、创新领先、治理现代，与中央精神高度一致。具体而言，针对产品卓越、品牌卓著、创新领先、治理现代这4个一级指标，根据过往成果积累、企业发展实践经验和学者专家座谈会，最终得出了涵盖4个一级指标、9个二级指标、38个三级指标在内的世界一流企业评价指标体系。

五是刘天阳等（2022）围绕资源基础、动态能力、战略柔性、价值导向四个维度构建了较为详细的评价体系，共4个一级指标、17个二级指标及50

个三级指标，并按照企业生命周期选取了典型案例进行研究比较。

六是何志毅（2022）提出的分三个层次对世界一流企业指标进行设计的模式。第一层次设置三个规模指标：营收、市值、利润；第二层次设置三个效率指标：销售利润率、资产回报率、市盈率；第三层次设置三个社会指标：创新贡献（创新力）、影响力、企业社会责任（责任力）。

七是蒋元剑等（2021）构建了五个"一流"指标来衡量世界一流企业标准，认为企业应当具备一定的资产规模、较强的盈利能力、集中高效的公司内部助力、良好的社会形象等。

表2-3 国内世界一流企业整体评价指标体系

来源	一级指标	二级指标	三级指标
国资委，具有全球竞争力的世界一流企业评价指标体系	创新能力维度	研发投入强度	—
		国际发明专利数	
		国际标准数量	
	全球话语权和影响力维度	产品或服务水平	
		产业链控制力	
		品牌影响力	
	全球化能力维度	海外资产总额	
		海外营业收入	
		海外员工总数	
	效益效率维度	净资产收益率	
国资委考核分配局课题组《世界一流企业评价对标研究——指标、标杆与实例》	经营实力	资产	
		资本	
		市值	
		员工人数	
		营业收入	
		社会贡献	
	财务绩效	盈利能力	
		资产质量	
		债务风险	
		经营增长	
	技术经济	如油气储量（石油石化行业）	
国务院发展研究中心	规模	—	销售收入
			净利润

续表

来源	一级指标	二级指标	三级指标
国务院发展研究中心	效率	—	总资产收益率
			毛利润率
	增长	—	研发投入占比
			近3年平均销售收入增长率
			近3年平均净利润增长率
	国际化	—	海外资产占总资产的比率
			海外收入占总销售收入的比率
			海外员工占员工的比率
孟庆斌（2023），世界一流企业发展（WED）指数	产品卓越（S）	企业规模	5个三级指标
		产品盈利能力	4个三级指标
	品牌卓著（U）	品牌知名度	5个三级指标
		品牌认同度	4个三级指标
	创新领先（P）	研发投入	5个三级指标
		研发产出	4个三级指标
	治理现代（E）	治理结构	6个三级指标
		激励与处罚	3个三级指标
		治理效率	2个三级指标
刘天阳等（2022），世界一流企业评价指标体系	资源基础维度	人力资源	5个三级指标
		企业家	3个三级指标
		核心产品	2个三级指标
		资本获取	3个三级指标
	动态能力维度	公司治理	3个三级指标
		管理创新	2个三级指标
		组织创新	2个三级指标
		技术创新	3个三级指标
	战略柔性维度	战略定位	3个三级指标
		战略规划	2个三级指标
		业务转型	3个三级指标
		国家化战略	4个三级指标

续表

来源	一级指标	二级指标	三级指标
刘天阳等（2022），世界一流企业评价指标体系	价值导向维度	政治使命	4个三级指标
		社会责任	2个三级指标
		组织文化	3个三级指标
		企业价值	2个三级指标
		企业家精神	4个三级指标
何志毅（2022），世界一流企业的要素、指标和试算	规模指标	利润	—
		营收	
		市值	
	效率指标	销售利润率	
		资产回报率	
		市盈率	
	社会指标	创新力	
		影响力	
		责任力	
蒋元剑等（2021），一流企业评价体系的构建与实践	资产一流	4个二级指标	—
	业绩一流	5个二级指标	
	管理一流	8个二级指标	
	队伍一流	3个二级指标	
	形象一流	6个二级指标	

（二）分类评价指数

分类评价指数主要是依据企业类型、产权属性或行业进行了区分，如创新型企业、制造业企业等（表2-4）。从企业类型来看，现有文献对创新型企业世界一流指标进行了研究。陈劲等（2020）从战略管理能力、创新基础、创新投入、创新产出四个维度构建创新型企业评价指标体系，并以该评价指标体系为基础，为创新型企业、创新型领军企业和世界一流创新企业三类企业设置发展标准。从产权属性来看，现有文献对国有企业的世界一流评价体系进行了讨论。李政（2023）围绕企业个体价值、社会价值构建了指标体系，个体价值按照四个层次进行指标设定：一是产品指标主要包括营业收入、利润总额、产品客户满意度、产品附加值等。二是影响力指标主要包括品牌价值、市值、资产总额、世界500强排名、国际业务占比等。三是创新指标包括研发资本投入及在企业营收中占比、研发人员素质和数量、新产品投放率、申请专利数量和专利成果转化率等。四是管理效率指标包括利润率、资产回报率、市盈率、资产负债率、企业人均营业收入、管理企业数字化转型程度等。社会价值从社会性服务指标、国家战略支撑指标、国家财政支撑指标、经济逆周期调节指标四个维度去衡量。从行业分类来看，现有文献的讨论集中在煤炭、航天、发电、能源化工、邮政、石油等行业，能源行业居多，基本都围绕其特性和世界一流企业标准展开讨论。

表2-4 国内世界一流企业分类评价指标体系

分类	评价标准	评价方法	指标体系	评价对象
世界一流创新企业	分为"创新型""创新型领军""世界一流创新企业"	与这些分类公司的数据值进行比较	战略管理、创新基础、创新投入、创新产出4个一级指标，12个二级指标和23个三级指标	—
世界一流国有企业	—	—	企业个体价值、社会价值2个维度一级指标，8个二级指标和31个三级指标	国有企业
世界一流煤炭企业	行业领先型原则，标杆法，按贴近度排名	熵权法和TOPSIS法	经营业绩、国际化建设、业务发展、自主创新等指标	嘉能可、国家能源集团等10家国内外优秀矿业公司
世界一流航天企业	分为"世界一流""接近一流""差距显著"	与中位值比较	规模与效益、产品与市场、经营与管理等指标	波音、空客、联合技术等10家进入500强航天军工企业
世界一流发电集团	洛桑国际竞争力评价采用的标杆分析法	给出评价对象一个基准值，并以此标准衡量所有被评价对象，得出差距和排序结果	经营规模、盈利能力、可持续发展能力等指标	法国电力公司、苏伊士集团等20家国内外电力企业
世界一流能源化工公司	将不同公司分为"行业较高水平""领先水平""一流水平"与"最高水平"	与这些分类公司的数据值进行比较	规模、盈利、潜力、管理综合指数等指标	埃克森美孚等6家一体化公司；雷普索尔、菲利普斯66等5家偏重局部领域的公司；巴斯夫、陶氏化学等4家化工公司
世界一流邮政企业	比较法	数据比较，绝对值、相对值差距	收入、人均劳动生产率、净资产收益率	中、日、德三国邮政

续表

分类	评价标准	评价方法	指标体系	评价对象
世界一流石油企业	优、良、中、差4个等级标准	功效系数法	全球资源配置能力、财富综合创造能力、规模实力等7个维度一级指标，21个二级指标及50个三级指标	5家国际大石油公司和2家国内石油公司（中国石油、中国石化）、3家国外国家石油公司

三、总结

国内外采取了多种评价指标体系和方法来对世界一流企业进行衡量。整体评价指标体系共有12种，分类评价指标体系共有8种，合计20种。评价方法囊括了数值法、比较法、标杆分析法、功效系数法、TOPSIS法等共5种评价方法。具体来看，国际世界一流评价体系大多由专业组织设计，基本都会涉及多维度，除麦肯锡以外一级指标均超过了4个维度，福布斯全球企业2000强最高有12个维度。除了常规的财务指标外，大多评价体系均涉及了公司内部治理、竞争力指标等，比较特殊的指标有德勤涉及的"数字化"、麦肯锡涉及的"资源运筹力""环境持续力"，Song等（2019）的"国际影响力"、德鲁克研究会的"顾客满意度"、福布斯全球企业2000强的"声誉"等。可以看到，比较创新的指标一种是涉及了社会责任方面，充分考虑了世界一流企业的社会贡献价值，能够提高企业的社会责任承担意识；另一种是涉及了社会关注和发展的热点，如数字化表现、国际影响力等，能够引领企业发展升级。但以上指标均存在难以准确识别、量化的困难，并且客观存在一定程度上的识别偏误，有效性不是很强。

国内世界一流评价体系可以细分为整体和分类评价指标两个方面。对于整体评价指标，相较于国际指标体系，比较明显的区别在于一级指标基本在4~5个维度，并且主要参考依据是政府提供的相关标准。同时，这6种指标体系之间的差异也是比较大的。国资委相关的指标体系考虑了创新能力、全球化能力、全球话语权和影响力、效益效率维度，充分重视世界一流企业的国际影响力。国务院发展中心指标在企业常规的规模、效率、增长维度的基础上，增加了国际化的指标，比较简洁，可操作性强，但考虑的层面比较少。孟庆斌（2023）从十六字标准出发构建了"SUPER"模型，对世界一流企业的品牌建设、技术创新、公司内部治理给予了充分考虑，但基本涉及的是静态指标，对企业的动态发展没有给予较多关注。刘天阳等（2022）构建的指标充分考虑了企业发展的动态性和企业社会责任，多层面地衡量了世界一流企业，考虑较为全面。何志毅（2022）构建的体系相对比较简单。蒋元剑等（2021）充分强调了"一流"属性，从五个维度的"一流"标准出发构建，但对社会面、国际面的考虑较少。对于分类指标体系，涉及各种属性、各个行业的企业标准和评价方法。评价标准比较显著的特征是大多指标体系是比较细致复杂的，并且会添加和自身行业或属性相关指标。相对于整体指标更具有灵活性和独特性，但适用范围相对狭窄一些。在评价方法上，数值法、比较法是比较直观简洁的，但在大范围的多档评价时会比较复杂且难以比较。标杆分析法能够在一定程度上解决难以比较的问题，但对于多档评价还是存在困难。功效系数法适用于各种类型的评价指标体系，能够根据评价对象的复杂性，从不同侧面对评价对象进行计算评分，使多档多层次评价结果更加直观，有利于分析单项指标及综合评价结果的差距与确定提升的目标，并且避免单一评价标准带来的误差，但在操作上较为复杂，单项得分的标准难以确定。TOPSIS 法是根据有限个评价对象与理想化目标的接近程度进行排序的方法，能精确地反映各评价方案之间的差距，是在现有的对象中进行相对优劣的评价，适用于需要同时考虑多个方面因素的决策场景。

第三节 案例启示与经验应用

在推动国有企业改革和实现世界一流企业建设目标的过程中，本研究以国家战略的顶层设计为核心，明确提出通过价值创造对标这一重要实现路径，助力企业在全球化竞争中实现跨越式发展。作为研究的出发点，首先强调要立足于能源市场的新业态，通过促使销售业务在油、气、氢、电、非综合布局中实现协调发展，探索企业在多元化布局和创新管理中的最佳实践。同时，以构建科学合理的指标体系为抓手，推动对标管理落地实施，为国有企业的改革提供具体路径和可操作方案。

研究目标的设定紧扣国内外标杆企业的特质，明确提出衡量世界一流企业需要兼顾综合实力和关键要素的平衡，要求构建起多层次、全方位的对标体系，既关注企业的整体能力，也强调在细分领域的优势表现。通过这样的研究目标，力求全面涵盖企业在规模、创新、管理效率等方面的关键因素，确保对标体系能够真实反映企业发展的核心竞争力。

在方法与思路层面，研究建议以主流整体评价指标体系为核心，辅以分类评价指标体系，以财务指标为基础，同时注重结合不同行业特性设计具有针对性的新指标。新指标的设计不仅弥补了传统对标方法的不足，还为企业的长期可持续发展提供了创新性和前瞻性的指导。这种方法论的价值在于，不仅能够帮助企业全面评估自身与标杆之间的差距，还能够为政策制定者提供科学的决策依据。

本研究始终坚持以党中央提出的建设世界一流企业战略布局为指导，将改革主线贯穿始终，确保各项工作与国家战略方向保持高度一致。在此基础上，特别强调对标管理的重要性，认为其是实现世界一流企业建设的核心工具和重要手段。通过不断完善对标指标库的建设，并结合对标管理的具体实践，将改革理念转化为实际行动，真正实现价值创造的目标。

总体而言，本研究致力于为推动国有企业改革和建设世界一流企业提供系统化、科学化的理论支持和实践路径，同时也为其他领域的企业发展提供借鉴与参考。通过建立系统的对标体系，形成价值创造的闭环管理模式，不仅能够提高企业的核心竞争力，还为整个国有企业改革提供了可推广、可复制的经验。

一、国际商业机器公司（IBM）

国际商业机器公司（以下简称IBM）于1911年创立，是全球最大的信息技术和业务解决方案公司，目前拥有全球雇员40多万人，业务遍及170多个国家和地区。作为全球最大的信息技术和业务解决方案公司，IBM公司价值创造成功经验可归纳为如下四个方面。

（一）优化组织结构，追求公司价值创造

IBM公司自从成立以来就在不断发展，公司经营规模、经营质量、科技含量、品牌影响等方面全面提升。但IBM公司在发展过程中，自身组织建设能力逐渐滞后，内部组织和管理不能适应激烈的市场竞争的需要，导致公司连续三年大幅亏损甚至濒临破产。面临公司经营的困境，IBM公司从组织结构入手，由条块分割的弱二维金字塔结构转向协同的三维矩阵结构。一是按产品、地域和行业建立三维矩阵，以产品和区域为主维，行业为辅；二是将服务单列为一级事业部，同时设立销售与渠道部，且按事业部制运作；三是构建"放、管、服"合一的赋能型总部，"放"是指将面向客户的职能下放到事业部或者一线，以降低企业决策重心，确保快速呼应客户；"管"是指基于战略落地和高效运营之需，设立纵向管控的专业职能条线，如人力、财务、法务、市场等，确保"One IBM"的落地；"服"是指把业务部门需要但却做不好和成本

高的职能集中到总部，由共享服务中心和专家中心提供高效服务和运营支撑。IBM 基于三维矩阵强化项目管理，打造以客户为中心的平台型组织，在支持一线敏捷服务客户的同时推动公司价值的不断提升。

（二）实施战略转型，追求经济价值创造

从 20 世纪 60 年代开始，IBM 公司规模和人员过快增长，给其管理带来了许多难以预料的困难和麻烦。加之 IBM 硬件项目的投资和运营规模过大，且由于 IBM 的策略相对集中于大型企业客户群，在追求的规模数量效应不佳，更是加重了其经济负担。到了 20 世纪 90 年代初，外部竞争加剧，个人电脑（PC）业务的销售利润大幅度下降。1992 会计年度亏损为 49.7 亿美元，创造了当时美国历史上最大公司年损失的纪录。

此后，IBM 从"海量"产品向"高价值"服务转型，提出"ON Demand"战略，2002 年并购普华永道咨询部门，一跃成为全球规模最大、产品组合最全、影响力最强的咨询机构，并于 2004 年出售 PC 业务，持续走向价值链高端。IBM 坚持以全球大视野进行着全球资源的大布局，以服务整合全公司相互割裂的部门和产品线，完成了从 IT 产品提供商、服务提供商到整体解决方案提供商的华丽转型。遍布全球的 IT 服务，尤其是针对大型企业和政府客户所提供的 IT 服务，不仅提供自主产品的售后服务和产品增值服务，而且不断拓展和开发服务能力从而赢得市场，提供非产品的专业服务已经成为 IBM 战略性突破的增长点，现在每年为 IBM 带来超过 600 亿营业收入，实现了经济价值的创造。

（三）持续研发创新，追求战略价值创造

自 2004 年开始，IBM 将业务重点放在推动企业软件应用、业务咨询和服务等长期价值提升方面。IBM 认识到数据分析和商业智能将成为企业发展的关键工具，努力致力非结构化数据和不确定性数据的分析，利用技术战略进行价值创造。2011 年，IBM 研发出企业级 AI 平台 Watson（沃森）在全球服务了 4 万多家企业客户。2023 年，IBM 推出了新一代企业及数据和 AI 平台 Watsonx，并与原有 Watson 产品无缝对接，为企业客户提供从机器学习到生成式 AI 的全面解决方案，为企业生产力带来了质的飞跃。同时，IBM 有侧重地加大高端计算机硬件和高价值的芯片技术研发。IBM 坚持以科技发明为先导，并致力于将其转化为现实的技术和产品，为客户提供改善业务运营的解决方案。自 1961 年在美国成立首座实验室以来，IBM 已在全球建立八个研究中心，目前拥有超过 3000 位科学家和工程师，针对半导体、计算机科技、电子商务、电子及语音辨识系统、软硬件系统、生化科技等领域进行创新研究，成为其研发战略的

重要基石。2013年9月，IBM收购了英国商业软件厂商Daeja Image Systems，计划将其并入软件集团和企业内容管理（ECM）业务。2022年9月，IBM发布LinuxONE服务器，在降低能耗、提高效率、弹性扩展和数据隐私方面展现出明显的技术优势。

IBM曾经几乎是计算机的代名词，现在IBM正在将人工智能、自动化、混合云解决方案应用到金融、制造、医疗等多个领域。IBM拥抱科技产业发展的潮流，发展战略性新兴产业，提升公司的战略价值创造能力。

（四）多领域协同发展，追求社会价值创造

IBM重新认识IT产业的规律，洞察到服务行业的广阔机会和市场前景，决定对经营活动进行重大调整——由单一的硬件产品转向软件和服务等多领域协同发展，以更好地引领社会价值创造。

IBM作为全球最大的企业之一，在其合作伙伴、供应商和客户当中，有许多都是中小企业。在美国，小型企业的人均专利获得数是大型企业的10多倍，但小企业缺少渠道和资源有效开展专利制度的建设。为此，IBM专门设立一支250人参与的知识产权管理团队，为约7000名发明者提供培训。在2007年创办"发明者论坛"（Inventors Forum），专供中小企业对专利制度及其改革成果发表看法，让众多发明团体中最具代表性的发明人提出专利改革的新想法，帮助解决当前专利制度面临的挑战。IBM不仅拥有知识产权，同时建立了一个支持、尊重并保护知识产权的制度，实现社会价值的创造。同时，IBM还组建了车库创新团队、技术销售团队等贯穿售前售后的"技术陪伴"团队。这些团队与客户不同的业务团队一起，找到能够快速和规模化实现技术价值的业务场景，应对战略转型、业务出海、数据治理、安全合规等多方面的挑战，携手合作伙伴构建全价值链生态系统，将IBM的技术创新和行业专长带给更多的企业。

二、美国通用电气公司

美国通用电气公司（General Electric Company，简称为GE公司）创立于1892年，是世界上最大的提供技术和服务业务的公司。GE公司秉承"我们发现世界的需要，然后着手去发明"的理念，将创意转化为领先的产品和服务，致力于技术革新，优化公司战略布局，推进公司转型。GE公司未来将专注于航空、医疗以及能源三大领域，凭借精准的市场定位，保持长期可持续发展。作为传统的制造业成功向服务转型GE公司，公司价值创造成功经验可归纳为如下三个方面。

(一) 精准定位，聚焦核心价值

2008年全球金融危机爆发，GE公司作为当时美国最大的非银行金融机构之一，其金融业务的资产和收入大幅缩水，信用评级下调，股价暴跌。公司意识到不能再依赖金融业务，于是开启了大规模的重组和转型，将金融业务大幅缩减，重新聚焦航空、医疗、能源等领域。为了使各板块集中于其核心业务，GE公司形成了以GE商店（GE Store）为核心，GE数字集团、全球运营中心、研发以及全球增长组织为支柱的组织架构，意在让集团成为一个整体，在全球范围交流知识、技术和工具，实现研发共享、服务共享。

从前端销售来看，这一组织架构精减服务客户的流程，提升反应速度，并以大规模协作的方式为客户提供更为广泛和高价值服务和方案。全球运营中心（Global Operations）将原来各公司或各业务集团下辖的后台支持部门集中起来，提供财务运营（包括税务及固定资产）、供应链管理、人力资源运营、商务运营、环境健康和安全等多个专业领域的共享服务，其中GE全球运营亚太中心落户上海，为日本、韩国、澳大利亚、新加坡、印度等17个亚太国家和地区的业务提供共享服务。GE商店站在"同一个GE"的角度，使先进技术、产品、软件及分析可以在不同的业务集团、不同的国家和地区之间共享，盘活了GE公司沉淀的技术和人才，以此实现更快的业务增长与更高的收益。

目前GE公司组建三家独立运营，并以可持续发展为核心理念的行业领先投资级上市公司。在2023年初首先拆分GE医疗，同时将GE可再生能源、GE发电和GE数字集团三大业务合并，在2024年组建一家独立的上市公司。完成这些交易后，GE公司将转型成为一家以航空为核心业务的公司，独立运营的三家公司将凭借精准的市场定位，实现长期可持续的增长，为所有利益相关者创造价值。

(二) 数字创新，重塑战略价值

在工业领域，GE公司于2012年创造了"工业互联网"的概念，并在2013年投资PaaS厂商Pivotal，随后开发出工业互联网平台Predix。GE公司抓住工业产业转型的下一波生产力，即专注于通过为工业组织提供先进的软件和数据为其带来新价值。GE公司看到，工业企业正在进入爆炸价值创造的新时期，数字创新的快速传播将重新开启工业生产率的增长和市场的规模化。为了实现规模化转型和商业模式创新，GE公司设计了一整套精益转型战略，针对组织、业务、流程、技术和商业模式等进行了全面变革。

(三)设计以数字驱动为导向的组织架构,成立 GE Digital

2015 年,GE 公司在全球成立了新的业务部门 GE Digital(GE 数字集团),并将原有的软件和 IT 职能部门并入其中,旨在加速组织的数字化转型,构建企业的数字工业能力。GE 公司清晰地意识到,任何转型的第一步是重新思考完成成功转型所需的组织能力建设,因此设计了一个"高度连接"的顶级组织架构,以快速衡量并适应业务和能力建设的需求。该组织结构下 GE Digital 与 GE Businesses(GE 事业部)水平/垂直进行交叉管理。在垂直行业,GE 公司的每项业务,如 GE 航空、GE 医疗等都会在水平能力之上做垂直扩展,包括垂直领域的数字化应用和解决方案等。这样的组织布局下,寻找水平与垂直指标之间的平衡点变得非常重要,为此 GE 公司的每个事业部都设置了一位 CDO(首席数字官),他们既向事业部 CEO 汇报,也向 GE Digital 的管理者汇报。双重汇报的管理模式,有效确保了 GE Digital 构建与其业务相关的数字化能力,同时确保现有业务充分利用了 GE Digital 的核心优势。

(四)精益创业与敏捷开发原理相结合,利用 FastWorks 进行企业文化变革

GE 公司在转型之初强调文化变革,GE 公司认为需要开发快速决策、迭代改进循环和持续人员管理流程等必要的流程,以确保文化不会拒绝转型。同时,企业必须"看起来像一个快速发展的科技公司",给员工创造真实感和创新的环境。为此,GE 公司尝试了以下五个步骤(图 2-1)。

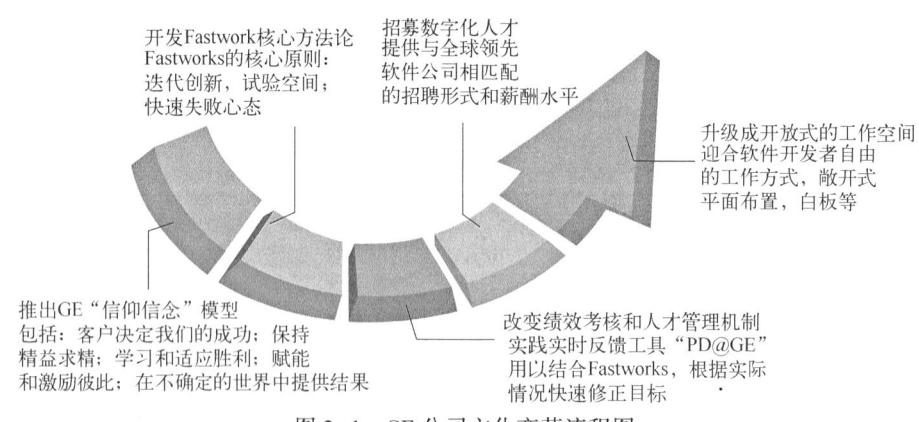

图 2-1 GE 公司文化变革流程图

(1)推出 GE "信仰信念"模型,包括"客户决定我们的成功、保持精益求精、学习和适应胜利、赋能和激励彼此、在不确定的世界中提供结果"五

个部分。

（2）开发 FastWorks，坚持迭代创新、试验空间、快速失败心态三个核心原则，帮助 GE 公司更快速的迭代，更具备创业精神，并始终在建设为客户带来更好成效的产品和服务。

（3）改变绩效考核和人才管理机制，实践实时反馈工具"PD@GE"。工具结合 FastWorks，员工可以根据实际情况实时调整目标，进行快速目标修正，同时鼓励员工通过 PD 横向发展自己的技能覆盖面。

（4）招募数字化人才，并提供与全球领先的软件公司相匹配的招聘形式和薪酬水平。GE 公司频繁向微软、亚马逊、苹果、Facebook、Google 等科技公司的工程师和数据科学家抛出橄榄枝。GE Digital 的 CEO Harel Kodesh 就是来自曾经领导过微软和 VMware 团队的移动和云计算专家；GE 公司软件战略的核心产品 Predix 则由苹果 Siri 的创始团队成员 Darren Haas 执掌。

（5）将 GE 公司总部搬到波士顿市中心，在办公楼的设计上也迎合了软件开发者自由的工作方式。

（五）行业引领，创造协同价值

Predix 作为全球第一个专为工业数据与分析而开发的操作系统，通过平台为工业数据分析提供了一个可扩展和可重复使用的框架，这使企业能够更加重视数据驱动的作用，对数据进行有针对性的分析，形成独到的见解，以便更好地驱动业务成长。Predix 不仅实现了实时监控包括飞机引擎、涡轮、核磁共振仪在内的各类机器设备，同步捕捉它们在运行过程中高速产生的海量数据，还能对这些数据进行分析和管理，做到对机器的实时监测、调整和优化，从而提升整体运营效率。

2014 年，GE 公司宣布向所有工业互联网开发者开放 Predix 平台。GE 公司还集结了能源、航空、医疗、电网、制造、基建等各行业巨擘，建立起首个全球性数字联盟。除了向联盟伙伴开放 Predix 外，GE Digital 还为联盟伙伴的研发人员提供 Predix 相关的培训、研发数据库、技术资源等。当这些研发人员掌握 Predix 开发技术后，将通过 Predix 为更多行业客户开发工业 APP，产生几何级数般的辐射效应，乃至催化其他行业的变革。

GE 公司非常明确，仅凭一己之力无法实现真正的工业数字化转型，因此 GE 公司创建了一个协作与开放创新的合作伙伴生态系统，不仅包括经销商，还包括技术合作伙伴、独立软件开发商（ISV）和成千上万的开发人员。GE 公司通过了解客户目前存在的挑战以及其业务流程中的缺陷，并利用自身技术和当地合作伙伴的力量共同协助其解决问题，并将解决方案作为一个创新项目使之"产品化",以便今后能以批量方式为其他客户创造价值,实现帮助整个行业数字化转型的宏伟目标。

三、亚马逊

亚马逊公司在 1995 年 7 月 16 日由杰夫·贝索斯成立,公司自创建以来,遵循顾客至上的经济价值创造、技术创新驱动、多元化扩张、合理布局和完善的公司治理能力优势等,亚马逊现已成为全球最大的线上线下零售商,尤其成为全球技术创新企业。

(一)优化组织架构,提升企业核心能力,开创引领性的技术创新

亚马逊自创立以来,成功打造了诸多开启业界先河的创新业务,在多元业务和跨赛道成功的背后,也反映出亚马逊强大的组织架构优化能力。企业在开展多元业务时,需要灵活调整组织架构,高效调整业务流程,因此亚马逊提出"两个披萨"原则,即项目团队都应该足够小,两个披萨饼就可以解决伙食问题。在亚马逊内部,"两个披萨"团队和公司组织的其他部分是相互独立的,让小团队为工作独立负责,从而灵活应对市场变化,专注于目标和可扩展性,提升业务运行效率和效益,获得新的业务市场和竞争优势等。

亚马逊公司的发展依靠的是开创引领性的技术创新,把握全球技术革命机遇,把握国内超大市场优势,不断提升公司核心能力。2007 年 11 月亚马逊阅读器 Kindle 问世。2012 年 9 月 6 日,亚马逊在发布会上发布了新款 Kindle Fire 平板电脑,以及带屏幕背光功能的 Kindle Paperwhite 电子阅读器。2014 年贝索斯的航天科技公司 Blue Origin 创造了历史,成为成功发射可重复使用火箭的首批商业公司之一。2017 年亚马逊云科技发布 Amazon Nitro 系统,重构云计算的基础,上百种 EC2 实例创新都以此为基石。亚马逊公司发布首个机器学习集成开发环境 Amazon SageMaker,破除软硬件环境限制及资金门槛,释放数据科学家的生产力。2021 年亚马逊云科技发布新一代基于 Arm 的自研 CPU 处理器 Amazon Graviton3,性能提高 25%,能效提高 60%;大数据迈向 Serverless 时代,推出四个新的大数据分析无服务器选项;发布了面向纵向行业的服务 Amazon IoT TwinMaker 和 Amazon IoT FleetWise 等技术创新。

(二)由规模数量转向顾客至上,拥有国际知名品牌,追求经济价值创造

亚马逊公司希望能通过不断技术创新,让全球客户能凌云驭势、重塑未

来。如 2006 年亚马逊公司 AWS（Amazon Web Services）正式向公众推出了云服务，让客户可以利用亚马逊开放的基础设施来搭建自有的应用程序。将数据、用户、人才等三方形成一个正反馈，实现以顾客为导向的创新，达到全要素创新、全员创新、全时空创新。公司通过不断地技术创新和服务优化，不断推出了亚马逊弹性计算网云（Amazon EC2）、亚马逊简单储存服务（Amazon S3）、亚马逊简单数据库（Amazon SimpleDB）等多项品牌与服务，从而创新企业品牌，提高经济价值创造实现。同时，亚马逊的各个部门采用了面向服务的体系结构（Service Oriented Architecture，SOA）构建，由规模数量转向顾客至上，追求经济价值创造。

（三）由短期效果转向长期成长，发展战略性新兴产业，重视战略价值创造

自 1994 年亚马逊公司建立以来，从网络书店发展至音乐和视频在线销售业务，并紧跟科技发展趋势将公司的产品扩展到新兴产业，通过前瞻性的战略部署实现价值创造。2012 年亚马逊云科技就发布业界首个云上数据仓库 Amazon Redshift，实现开发扩展的过程中持续稳定的查询性能，且按用量付费，数据仓库不再只是超大型企业的专利。2013 年亚马逊云科技发布实时流式数据服务 Amazon Kinesis，为移动互联网时代的流式数据实时分析处理奠定基础。2014 年亚马逊云科技发布云原生关系数据库 Amazon Aurora，兼具性能和成本效益，它在日后成为亚马逊云科技历史上用户数量增速最快的云服务；发布业界首个 Serverless 函数计算服务 Amazon Lambda，颠覆应用运营模式，免除运维烦恼，让开发者更专注于业务。2015 年亚马逊云科技发布首个按会话付费的商业智能（Business Intelligence，简称 BI）服务 Amazon QuickSight，强势解决大数据应用"最后一公里"问题；发布亚马逊云科技首个硬件服务 Amazon Snowball，海量数据可以快速安全地迁移上云。在开发新产品、拓展新业务的过程中，亚马逊由短期增长向长期持续增长转变，在新兴产业进行战略布局并占据领先地位，为公司价值提升奠定基础。

（四）由单一价值转向总体价值，多目标协同发展，增大社会价值创造

由亚马逊公司的发展来看，亚马逊从过去的在线零售业务逐步转向电商、物流、云计算、人工智能等多个领域的整合发展，实现了从单一的价值创造到多元化扩张的转变，多目标协同发展增大社会价值创造。例如，在物流领域，亚马逊积极研发和推广无人机配送技术，并结合计算机视觉技术识别库存水平，通过先进的仓储和配送系统，不仅提高了自身的运营效率，也为消费者带来了更快的配送速度和更低的物流成本，同时也促进了物流行业整体发展，为其他企业提供了可借鉴的经验和模式。在云计算领域，2022年亚马逊云科技发布了全新的数据管理服务Amazon DataZone，助力客户更快、更轻松地对存储在亚马逊云科技、客户本地和第三方来源的数据进行编目、发现、共享和治理，同时提供更精细的控制工具，管理和治理数据访问权限，确保数据安全。企业中的各类人员都可以通过Amazon DataZone轻松访问整个组织的数据以提升企业的数据洞察力。

四、华润集团

华润集团将新发展理念贯穿于企业发展全过程和各领域，以高质量发展为引领，争创具有全球竞争力的世界一流企业。

（一）探索独特的世界一流企业建设模式

在总结过往改革发展经验基础上，华润集团逐渐摸索出具有自身特色的世界一流企业建设模式，即"1246"模式："1"是坚持一个目标，建设具有华润特色的国有资本投资公司和具有全球竞争力的世界一流企业。"2"是两大业务方向，大国民生和大国重器。大国民生是华润业务的基石和根据地，大国重器是华润业务的未来和新大陆。"4"是实施四个重塑，包括价值重塑、业务重塑、组织重塑和精神重塑。通过"四个重塑"将"战略—组织—文化"与世界一流企业建设目标进行了有机结合，系统性解决了企业发展中的战略发展、产业组合、组织管控、企业文化、高水平实施等核心关键问题。"6"是夯实华润特色国有资本投资公司的六大能力，包括资金募集能力、投资管理能力、产业发展能力、监督管理能力、资产退出能力、共享服务能力，简称"募、投、产、管、退、服"。

（二）创新管理模式

华润集团探索形成了6S战略管理体系和5C价值管理体系。6S战略管理体系由战略规划体系、商业计划体系、管理报告体系、战略审计体系、战略评价体系、经理人考核体系构成，在华润优化产业布局和推动主业发展方面起到关键性作用。6S战略管理体系也是不断发展演进的，对进一步深化国企改革和创建世界一流企业具有很强的推动作用。5C价值型财务管理体系，是建立在对公司创造价值的过程和关键要素的理解之上，以公司价值是未来现金流的贴现为理论基础，以价值创造为核心，以资本、资金、资产管理为主线，围绕资本结构、现金创造、现金管理、资金筹集、资产配置等5个价值创造关键要素的一整套系统性的管理方法和工具。"十三五"期间，5C价值型财务管理体系得到了持续的应用、发展和完善，价值管理的理念深入贯彻到集团财务管理的各个环节，成为促进集团高质量发展的重要管理工具。

"十四五"期间，5C价值型财务管理体系进一步发力，推进华润集团世界一流财务管理体系的建设，在推动集团建设成为具有华润特色、世界一流的国有资本投资公司过程中发挥重要作用。以国资委《关于中央企业加快建设世界一流财务管理体系的指导意见》为根本依据，华润集团紧扣财务管理理念变革、组织变革、机制变革、手段变革，在原5C框架基础上作了很多有益的创新探索和丰富完善（图2-2），突出精益管理，强化风险管控，升级财务数智化体系为管理赋能。在数字化管理工具支撑下，围绕价值创造展开的财务管理与业务结合更加紧密，业财融合的全价值链财务支持更加具象、集约、高效，形成具有华润特色的"一核心、双引擎、三支撑"的世界一流财务管理体系框架，即以5C价值管理为核心，以全面预算管理和财务数智化为引擎，以坚实的会计与税务基础、系统的财务合规风控和科学的财务组织和人才体系为支撑，全面提升财务运行质量和效率，加强支撑战略、支持决策、服务业务、创造价值、防控风险能力。

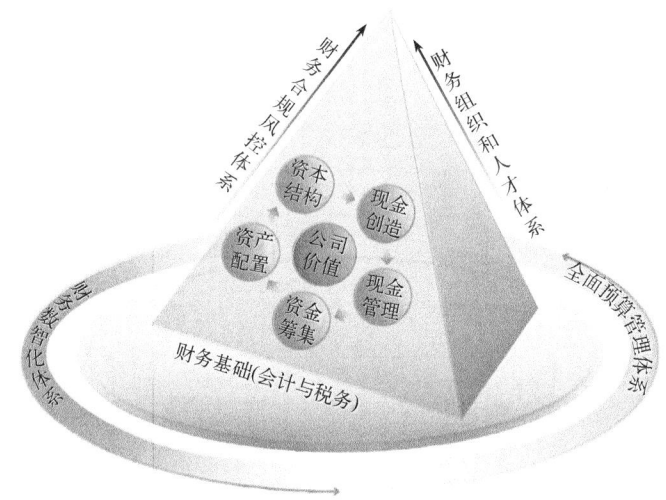

图2-2 华润集团价值型财务管理体系框架

（三）抓住全价值链运营管控关键点，建立完善管理体系

全面对标世界一流。面对管理行业跨度广、管理成熟度差异大的现状，为推动战略有效落地，系统性解决运营管理堵点问题，华润集团对标学习丰田、丹纳赫等世界一流企业，尤其是精益管理方面，由点到面、由生产流程延伸至全组织、全价值流程的经验，从企业全价值链出发，紧盯各业务环节的管控关键点，确定衡量指标并逐级分解，将过去"点"状推进的精益改善项目转化

为覆盖研发、采购、生产、销售、服务等各环节在内的"链"状管理流程（图2-3），不断完善以提高产品、服务质量水平为目标、以职能条线为支撑的客户导向型管理体系。

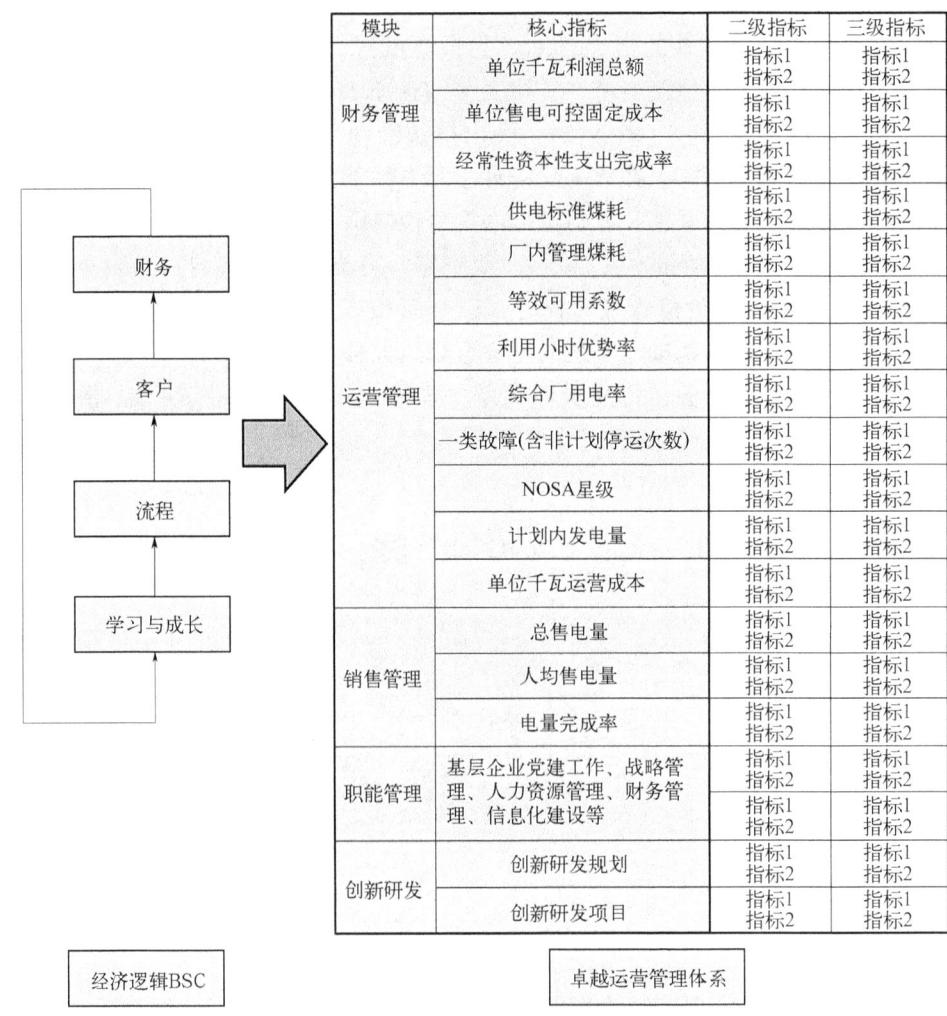

图2-3 华润集团卓越运营管理思路

梳理全价值链关键指标。由各业务单元对业务全价值链进行深入梳理，提炼各环节的关键管理要素，汇集不同部门相关管理人员共同研讨确认的管理要素，对应拆解出核心指标，再对核心指标进行逐级分解，最终汇总形成关键业务指标库。通过全价值链梳理，业务单元将以往隐性管理经验以指标库形式显性化，为管理提升工作打下基础。例如，华润燃气聚焦全价值链的能源准入、工程建设、管网运行、客户服务、终端销售等环节，确定了12项关键管控点，并细化分解形成 70 项关键指标。如图 2-4 所示，华润水泥按水泥、粉磨站、混凝土 3 类业务分别开展全价值链分析，梳理出包含 9 个业务模块共计 260 项指标。

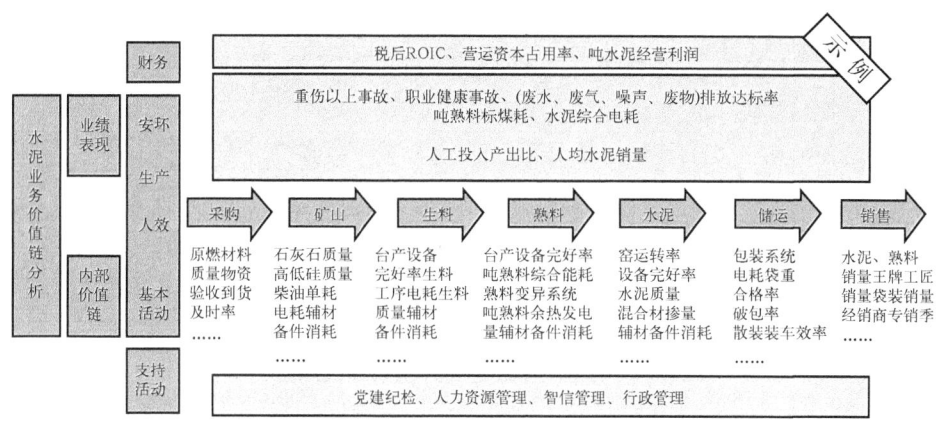

图 2-4　华润水泥卓越运营指标体系示例

形成高效三级管理机制。在华润集团总部、业务单元和基层企业确立不同管理职责，形成高效管理机制，实现运营管理提升的全覆盖。总部层面对整体工作发挥"引领推动"作用，通过编制规划、绩效评价、工作指导等方式，推动业务单元落实所在领域的卓越运营管理体系建设工作；业务单元总部通过建立卓越运营管理体系，对各基层企业开展星级评价，制定星级提升及人才培养计划，组织内外部对标，推动建标杆、学标杆，将各基层企业优秀项目案例进行推广交流；基层企业贯彻落实星级提升工作，组织精益项目持续改善，确保管理提升工作落地见效。

（四）以星级评价为抓手、促进管理改善精益化

开展内外部对标，确定提升标准。首先要求各业务单元针对核心关键指标开展内外部对标，将竞争对手或企业内部最优值作为五星级提升目标。其次，按照 1~5 星逐级制定细项评价值，形成既能覆盖价值链关键环节、又能吻合星级提升卓越运营指标的评价标准。业务单元定期更新评价标准，推动关键指标稳步提升（图 2-5）。

组织星级评价，盘点经营质量。各业务单元每年按照各自星级评价标准对下属所有基层企业进行综合评价，确定各基层企业所处的星级水平。将评价打分结果纳入企业年度业绩合同考核，通过奖优罚劣，督促低星级企业大力实施管理提升。例如，华润水泥在今年一季度对公司 27 家水泥、7 家粉磨站和 55 家混凝土基地分类开展前一年度的卓越运营评价工作，将得分超过 77 分的水

泥基地、超过78分的粉磨站及超过76分的混凝土基地确定为五星级企业。

示例		指标名称	单位	权重	1分标准	2分标准	3分标准	4分标准	5分标准
财务管理	1	单位千瓦利润总额	元/千瓦	15	控股同类型机组控股排名后20%	控股同类型机组控股排名80%	控股同类型机组控股排名50%	控股同类型机组控股排名前30%且控股平均值60分位	控股同类型机组控股排名前2名且控股平均值75分位
	2	单位售电可控固定成本	元/千瓦时	10	控股内部排名后60%	控股内部排名前80%	控股内部排名前50%	控股内部排名前30%	控股同类型机组排名第一
	3	经营性资本性支出完成率	%		＜50%或>110%	(50%、70%)或(100%、110%)	(70%~80%)	(80%~90%)	(90%~100%)
安全管理	4	NOSA建设(星级)	星级	10	未开展NOSA工作	NOSA未达到三星	NOSA达到三星	NOSA达到四星	NOSA达五星
	5	一类障碍(含非计划停运次数)	次/台·年	5	＞2次/台	＜1次/台	＜0.5次/台·年	本年度无非停	本年无非停且二类障碍少于两次
运营管理	6	供电标准煤耗	克/千瓦时	12	控股同类型机组排名后20%	控股同类型机组前80%	控股同类型机组排名前50%	控股同类型机组排名前20%且优于上一年度中电联排名40%平均值	控股同类型机组排名前2名且上一年度中电联排名40%平均值
	7	厂内管理煤耗	克/千瓦时	8	＜7克/千瓦时	＜5克/千瓦时	＜4克/千瓦时	＜3克/千瓦时，混合掺煤加0.5克	＜1.5克/千瓦时，混合掺煤加0.5克
	8	等效可用系数	%	6	＜70%	70%~80%	80%~88%	88%~92%	＞92%且利用小时＞3000h
	9	利用小时优势率		12	区域同类型机组排名非最末位	区域同类型机组排名前80%	区域同类型机组排名前三	区域同类型机组排名前二	区域同类型机组排名第一
	10	综合厂用电率	%	6	控股同类型机组排名后20%	控股同类型机组前80%	控股同类型机组排名前40%	控股同类型机组排名前20%且发电厂用电率优于上一年度中电联平均值	控股同类型机组排名前2名且发电厂用电率优于上一年度中电联40%平均值
	11	环保指标达标排放率	%	8	96%	97%	98%	99.5%	99.6%

图2-5 华润电力卓越运营评价指标及赋值示例

聚焦关键指标差距，实施精益改善。各业务单元下属基层企业聚焦星级评价中反映出来的关键指标差距，有针对性地通过精益管理方法及工具进行改善。精益改善项目首先将关键指标评价结果更高星级的赋值确定为项目提升目标，再组织落实责任团队，制定工作方案，明确时间要求和具体提升措施。其次，应用SDA八步法、六西格玛DMAIC、PDCA等一系列精益管理方法，推动关键指标持续改善。业务单元总部对下属单位改善项目定期开展总结评价和监督。通过实施星级评价，近年来，华润集团年均星级提升率均超过20%，绝大多数业务单元一、二星级企业实现基本清零，高星级比例持续增加，基层企业精益提升成效显著。

通过选树标杆，带动整体提升。华润集团通过选树内部标杆，推动内部共同提升，营造比学赶超、追求卓越的良好氛围。在各业务单元通过星级评价确定五星级企业的基础上，组织开展管理标杆评选，选出一批具有较强行业先进性、代表性和较多推广价值的管理标杆。所选标杆充分发挥"创新源头、培训基地、展示窗口"的功能，更好助力内部互帮互学、促进上下联动。例如，雪花啤酒四川新都工厂建设成本管理、质量管理体系，强化可持续发展，打造智慧工厂，物流效率比改造前提升了400%，可比成本领先于百威、喜力等一流企业，能耗水平行业领先。华润三九观澜基地多项经营指标行业领先，建设高标准质量体系，获得美国、欧盟、澳大利亚等多国质量认证，建立产、研一体化新品孵化新模式，获评"数字化企业（e-works）中国标杆智能工厂"等荣誉。

五、中国移动

中国移动通信集团有限公司（简称中国移动）是按照国家电信体制改革的总体部署，于 2000 年在原邮电部移动通信业务和资产的基础上组建的中央企业，伴随了中国移动通信发展改革的全过程。2004 年实现主营业务资产整体海外上市，2008 年中国铁通集团有限公司整体并入中国移动，2017 年进行公司制改制更名为中国移动通信集团有限公司。中国移动间接控股的中国移动有限公司在香港和纽约作为红筹股公司上市、并在国内 31 个省（自治区、直辖市）和香港设有全资子公司，此外中国移动还在巴基斯坦拥有全资子公司。为拓展新领域、完善管理职能，中国移动陆续成立了 29 家专业公司及直属单位，形成了"总部+省公司+前端专业化公司+后端集中化资源能力服务中心"的体系。

作为唯一入选建设世界一流示范企业的通信企业，中国移动连续 20 年以上入选世界 500 强，2022 年排名 57 位，是中国通信行业第一，全球行业第三。2022 年全球品牌价值第 34 位，是中国通信行业第一，全球行业第四。中国移动之所以能够顺利发展成为世界一流企业，取决于四大驱动要素：一是在战略规划上确立了清晰的世界一流企业发展蓝图，把成为世界一流企业分解成为系统性的公司发展目标；二是系统构建世界一流其落地方法，把世界一流建设和公司战略管理紧密结合，指导推动公司运营工作靠近世界一流标准。三是坚持技术创新，构筑企业核心竞争力；四是积极承担社会责任，树立正面企业形象。

（一）战略规划：世界一流企业发展蓝图

中国移动始终以构建世界一流企业为终极战略目标，并且长久保持了制订五年计划的习惯，为企业的长远发展和世界一流企业建设注入动力。

一方面，世界一流企业目标的实现是长期的、动态的，需要通过动态的战略部署来把握。如图 2-6 所示，每一个五年，中国移动都会针对内外环境变化，制订新的五年发展战略，确定崭新的世界一流标准，对标寻找差距来适应新战略。过去 20 多年，中国移动先后实施了"双领先战略""新跨越战略""可持续发展战略""大连接战略"，每一个战略规划，指导企业一个五年规划的历史进程，有效地扩大了规模、增加了营业收入。最新战略世界一流"力量大厦"，并不是新造出来的，而是这些战略规划的最新延展和升级。战略可以变，概念也可以换，蓝图的表现形式还可以调整，但对标世界一流，建设世界一流是一个长期坚持的方向，需要有一个主线。这条主线就是持续对标一流运营商实践，并且根据战略的最新要求，持续丰富和优化对标体系。在不同的发展阶段，中国移动先后开发和升级了多套对标指标体系，例如2000年的创世界一流指标体系，是利用平衡计分卡原理独立设置的对标体系；之后的卓越对标体系，根据全球电信行业特点开展指标设计和丰富；再后来的可持续发展对标体系和数字化转型对标体系，都在不同战略阶段，配合和适应了战略的要求。

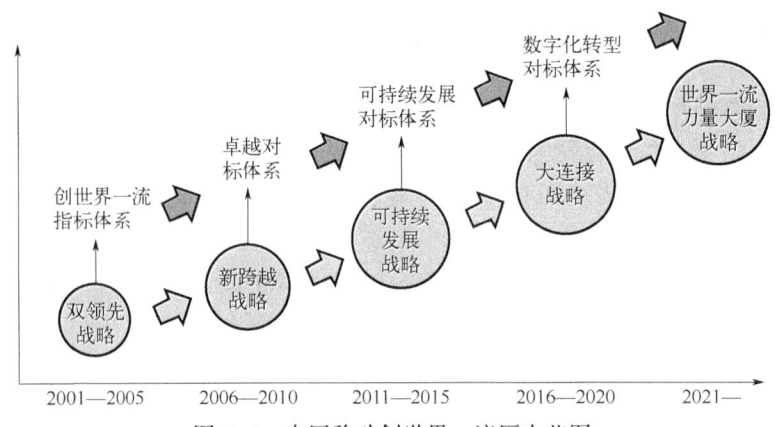

图2-6 中国移动创世界一流历史蓝图

另一方面，世界一流企业战略蓝图并不是"闭门造车"，而是追随政策动态、应用整体力量的详细工作部署。以最新的"力量大厦"战略蓝图为例，中国移动以习近平新时代中国特色社会主义思想为指导，落实党中央决策部署，对接国家战略安排，基于"世界一流信息服务科技创新公司"的发展定位，借鉴中国古代建筑"顶、梁、柱、台、基、枋"的结构，制定了"十四五"时期主要目标和二〇三五年远景目标，丰富拓展了创世界一流"力量大厦"内涵外延（图2-7）。其中，"顶"对应以党建为统领，创世界一流企业，做网络强国、数字中国、智慧社会主力军的总体目标，其作用是决定整体建筑的高度和空间大小；"梁"对应高质量发展主线，在前期"高质量发展"主线基础上，进一步明确"实现高质量发展"的关键方式就是"数智化转型"，其作用是作为主要骨架承接屋顶力量；"枋"对应转型升级、改革创新两个着力点，其作用是连接立柱、支撑横梁；"柱"对应发展关键路径，其作用是承托总体重量。三个立柱为融合、融通、融智，支撑打造基于规模的价值经营体系，另三个立柱为能力、合力、活力，支撑构建高效协同的组织运营体系。同时，"四个三"战略内核阐明了中国移动转型发展的核心理念。"三转"——推动业务发展从通信服务向信息服务拓展延伸；推动业务市场从ToC向CHBN

(个人市场、家庭市场、政企市场、新兴市场)全向发力;推动发展方式从资源要素驱动向创新驱动转型升级,明确了中国移动的转型方向、业务构成和动力来源,是中国移动转型的核心内在逻辑。"三化"——线上化、智能化、云化,指明了战略转型的突破口和核心领域,是激发信息服务需求潜力、提升产业格局的关键。"三融——融合、融通、融智,三力——能力、合力、活力"明晰了战略转型的关键路径,系统回答了如何基于转型升级和改革创新两个着力点,构建基于规模的价值经营体系和打造高效协同的组织运营体系的问题;"台"对应"5G+"计划,作为整体战略重点行动,其作用是为立柱提供落脚点;"基"对应做大连接规模、做强连接应用、做优连接服务和个人市场、家庭市场、政企市场、新兴市场的"四轮驱动"发展模式两大战略基石,其作用是保障力量大厦整体稳固。

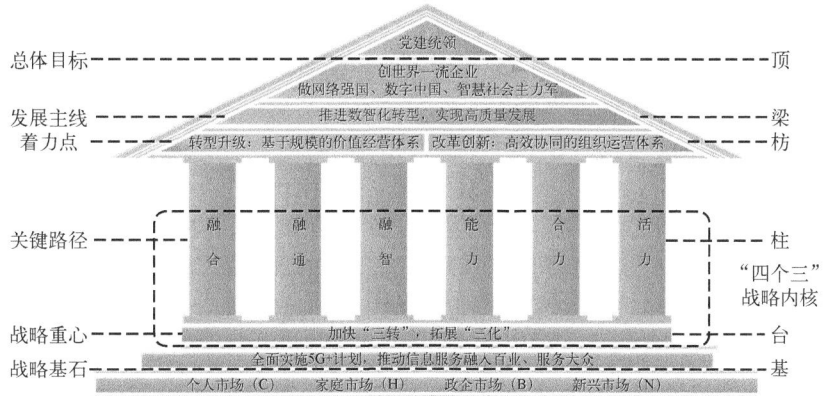

图 2-7 中国移动创世界一流"力量大厦"

"力量大厦"将世界一流企业的复杂工程,以一间房子的结构方式完整搭建起来,将世界一流企业的总体目标、关键路径、战略内核、能力支撑从上而下地清晰展开。同时,以大厦的形式将中国移动 30 多家省级公司、20 多家专业公司,共 45 万员工的战略性工作全部总结在一起,通过"三融""三力""三转""三新"等高度凝练概念,集中成为全集团世界一流建设的总抓手,明确了中国移动的总体目标、发展主线、战略内核和战略基石,提纲挈领地回答了中国移动未来五年甚至更长时间究竟要干什么、怎么干的关键核心问题。

（二）战略管理："三个一管理体系"

世界一流企业建设作为一项大切口的复杂工程和雄伟蓝图，没有好的流程是难以支撑的，更容易虎头蛇尾，有始无终。中国移动不仅给出了蓝图，针对这个核心实践问题，更给出了方法，就是建设和加强集团的战略管理体系，通过推动战略实施，来推进世界一流各项要求落地。

从集团总部，到各省公司，再到所有专业公司，中国移动设计和实施了"三个一管理体系"：一组指标、一个流程、一套体系。一组指标是指将战略目标分解和量化为规划期总体目标及一级指标，成为战略达成的量化标准，为战略控制、资源配置、考核评价建立指标和导向，这套战略指标体系会贯穿各个层级，也会与企业的年度预算等指标打通，将宏观对标的差距，变成了系统的年度量化指标要求。一个流程是指从集团总部到各级企业，都要执行统一的包括战略规划滚动制定、执行控制、结果评估流程。而且这些战略管理流程要确保与公司中长期及年度资源配置流程、年度运营计划、年度绩效考核流程的衔接，形成一套完整管理逻辑，而不是各个职能自说自话，相互脱节。一套体系是指在集团内部将战略管理体系、全面预算管理体系、绩效考核体系全面联通，确保战略的决策和执行在既定时间、由确定的责任主体完成，确保战略执行的刚性约束和执行效率。这个方法，就能推动世界一流的目标，是可以考核、可以衡量、可以兑现的。

（三）技术引领：强化数字化、信息化支撑

中国移动致力于钻研前沿技术，打造企业核心竞争力，拓展国际影响力。一是打造国际领先的信息基础设施。2012年以来累计完成固定资产投资1.3万亿元，持续打造高质量4G网络和移动物联网，大力建设千兆引领的宽带全光网络，积极布局数据中心、云计算中心、内容分发网络等新型设施，为网络强国、数字中国、智慧社会提供国际一流的基础网络支撑。同时，强化全球信息基础设施布局，大力推动"一带一路"沿线信息通信基础设施联通，已建成9条陆地光缆、6条海底光缆、34个信息交互节点、香港环球网络运营中心和6个国际通信业务出入口局。服务中资企业和用户"走出去"，推出"一带一路"国际漫游专项优惠资费，面向500多家中资企业海外机构，提供高质高效、方便实惠的综合信息通信服务。发起"牵手计划"，推进与国际电信运营商的网络资源共享、能力互联互通和业务深度合作，吸引全球25家企业加盟，覆盖全球29亿用户。二是推动产业数字化转型，发挥好信息化对经济社会发展的引领作用。打造覆盖重点领域的产业互联网，促进传统产业向数字化、智能化转型升级和高质量发展，工业互联网云平台连接超2亿台设备，

"互联网+交通"连接6700万辆机动车、2500万辆共享单车。创新推出"云视讯""和对讲""千里眼"等产品,为企业提供远程高清视频、多媒体对讲、视频监控服务。全力打造新型智慧城市运营商,支撑建设"国家政务服务平台""互联网+政务"覆盖350多个城市,建成上海市电子政务云平台等一批应用成果,帮助城市治理更加科学高效、人们生活更加智能便捷。三是完善科技创新体系,增强自主创新能力。逐步构建起内环(研究院和16家专业机构下设二级研发中心)、中环(21家科技型专业公司)、三环(31家省公司和2家境外公司)、四环(重点领域头部企业和科研机构组成的合作环)协同互动,纵向组织型、全员型、合作型、生态型全面创新的"一体四环四纵"科技创新体系。积极与高校、科研院所、合作伙伴等开展重点课题联合攻关。一方面,以成果应用带动信息化技术迭代升级。聚焦新基建、"卡脖子"攻关、产品研发及生产运营支撑等领域,激活创新基因,做实内部创新,做活外部合作。积极推动业务需求与技术创新能力的无缝对接,加快IT核心技术创新突破,重点推进PaaS平台、AI平台、区块链、电子签章等自研信息技术的应用落地;另一方面,以自主可控推进信息化创新能力建设。始终把科技自立自强摆在信息化发展规划的首要位置,建立全面的信息系统自主可控评价标准体系,从定制、试点、集采、生态四个维度指导所属各单位不断提升系统自主可控水平。持续开展核心系统应用国产数据库、营业厅终端操作系统等自主可控试点和联合攻关。

持续加强信息化管理能力建设,建立覆盖生产运营全领域、全环节的信息化管理系统。中国移动充分发挥信息管理系统在业务发展中的作用,实现从被动支撑向主动赋能的重大转变。一是有力赋能市场发展。坚持以服务人民为中心,围绕加快拓展信息服务新领域、新业务、新模式的需要,体系化开发产品管理、客户管理、渠道管理、订单融合、数据融合、客户服务支撑等覆盖客户经营全生命周期的信息系统,构建商机挖掘、精准营销、便捷受理、快速开通、精益服务等售前、售中、售后的全流程信息化支撑能力,有力保障该公司客户规模价值持续提升。二是有力赋能网络运营。顺应信息通信行业发展趋势,加速推动网络云化、智能化升级,建设"集中化、智能化、平台化"的新型网管系统,开发网络资源管理、故障管理、质量管理等信息系统,全面覆盖该公司移动网、固定网等各类网络建设运维需求,系统提升网络规划、建设和运维全流程智能化水平,有力支撑公司打造高质量网络。三是有力赋能企业管理。围绕管理提质增效要求,面向企业管理全领域,开发智慧党建系统、集中化ERP系统、集中化人力资源管理系统、集中化计划建设管理系统、集中化研发管理系统、供应链管理系统、OA 系统等，建立人、财、物、工、控、OA、党团为主的信息化管理支撑能力，助推该公司管理效率效能迈上新台阶。在供应链管理方面，建立贯通上游供应商到末梢使用节点的数字化供应网络，使物资平均在库时长下降 20%，呆滞库存占比下降 46%，作业效率提升 10%，人力成本下降 15%。

同时，中国移动积极构建以 5G、算力网络、智慧中台建设为重点的"连接+算力+能力"新基建，加强全网 IT 资源统筹配置和系统平台统筹规划，打造集约共享的资源能力体系。一是统筹全网 IT 资源配置和信息系统规划建设。以"前台敏捷化、中台集约化、技术标准化"为目标，以"统一规划、统筹推进、小步快跑、循序渐进、业务牵引、保障质效"为规则，推进内部各成员单位 IT 系统的高效协同演进。持续开展集约化能力建设，统筹开发通用需求，共性能力全网复用，在业务需求逐年增长、系统技术持续升级的情况下，实现 IT 总投资逐年下降、平台系统协同效率持续增强。二是建设"业务+数据+技术"的智慧中台体系。以智慧中台为能力基座，打造超越业务平台系统、软硬结合的系统工程，实现资源能力集中共享，汇聚近 900 项共性能力，能力年调用量超 1600 亿次，服务内外部单位超 500 家。业务方面，统一沉淀、共享、复用标准共性业务能力，已积淀跨客户管理、订单管理等领域 84 项能力，支撑精准营销、客户满意度评测、智能业务稽核等 90 项核心业务场景。数据方面，建立统一数据治理体系，汇聚内外部数据资源，建成行业一流"梧桐"大数据平台，数据日处理量达 15PB；沉淀数据资产超 600PB，在赋能精准疫情防控中，提供行程码查询及核验服务超 150 亿次。技术方面，汇聚通信、人工智能、物联网、云计算、大数据、边缘计算等共性技术，实现广泛复用与开放共享，其中人工智能平台"九天"沉淀 66 种自研 AI 能力，服务用户超 9 亿。三是构建"六统一"大数据运营管理模式。发挥数据要素价值，实现数据资源变现。通过统一数据品牌、统一运行机制、统一运营流程、统一需求管理、统一产品管理、统一运营管理的"六统一"机制打通大数据资源变现路径，建立大数据产品库，实现收入规模亿级产品 8 个，千万级产品 10 个，数据价值不断凸显。

（四）积极承担社会责任

中国移动强化央企使命，积极拓展社会正面影响力。一是高度重视贫困地区网络基础设施建设，2004—2015 年累计投资 458 亿元，开展信息通信网络"村村通工程"建设，占 3 家基础电信企业建设总量的 54%。二是积极支撑精准脱贫攻坚战，积极落实8个县定点扶贫和对口支援任务，2018年起每年捐赠资金从4200万元提高到1亿元，实施产业扶持、教育发展等扶贫项目，有效增强了受援地区的脱贫内生动力和"造血"功能。三是持续开展绿色行动计划，深入推进节能减排，连续三年作为唯一内地企业入选全球权威碳排放组织气候变化最高评级名单。打造"蓝天卫士"信息化应用，为200多个地市政府提供大气污染防治信息化支撑。

六、中国旅游集团

中国旅游集团有限公司（以下简称中国旅游集团）是我国唯一一家以旅游为主业的央企，集团旗下汇聚了港中旅、国旅、中旅、中免等众多知名旅游品牌，经营网络遍布内地、港澳和海外超过30个国家和地区。中国旅游集团以创建世界一流旅游企业为目标，聚焦"一利五率"深入开展对标世界一流企业价值创造行动，构建"1+N"工作体系，取得积极成效。2023年，全年营业收入同比增长28.2%，创历史新高；利润总额同比增长30%，净资产收益率稳步增长，持续提升价值创造水平。

（一）坚持"诚信经营、优质服务"，以对标一流为抓手提升企业核心竞争力

坚持以"诚信经营、优质服务"为核心理念和指导原则，全面践行"以对标促达标，以达标促创标"，围绕核心管理能力和核心服务能力持续打造企业核心竞争力。一是深化对标工作机制。坚持市场对标、分类对标、精准对标，邀请华住、乌镇、携程、美团等实践派企业家开展6期"大咖讲堂"，分享行业标杆企业价值创造优秀实践。印发《集团对标管理体系建设方案》，明确"2W3H"（WHO 跟谁对、WHAT 对什么、HOW ABOUT 怎么对、HOW TO CATCH 怎么赶、HOW TO USE 怎么用）全要素对标分析体系和总部、二级公司（事业群）两层级对标分析机制。建立完善"月度跟踪、季度分析、半年检讨、年度总结"对标工作机制，将对标分析融入月度经营分析，查找短板不足，提出经营策略检讨和改进方向，不断巩固成效。二是深化管理能力对标。积极推动各主要业务深化与一流企业学习、对标和合作，持续提升主营业务市场化运作能力。免税业务对标世界一流旅游零售企业，积极推动品类结构调整，高毛利商品占比提升9个百分点，毛利率大幅提升，通过推动扩展商品边界，实现国货潮品销售超过12亿元。地产业务通过与头部央企国企合作，首次落地"双核"战略，在上海、成都、西安核心区获得4宗项目，预期利

润超过 10 亿元，开发能力效率大幅提升。三是深化服务能力对标。坚持以服务能力建设为安身立命之本，积极通过服务提升创造更多价值。所属旅游企业通过多渠道收集客户反馈、组织开展体验式暗访和 VIP 客户访谈、常态化开展客户评价监测，主要旅游业务的客户满意度得到有效提升。中旅旅行、中旅（宁夏）沙坡头成功入选文化和旅游部《全国文化和旅游标准化示范典型经验名单》，景区业务总体网络客户满意度由年初的 89.1% 提升到 97.1%，酒店业务携程网平均得分 4.76 分，高于主要竞争对手，免税业务开展"S（Super Service）店"行动，14 家 S 店销售额同比上升 63%。

（二）坚持"产品卓越、创新领先"，以产品创新为抓手增强企业核心功能

聚焦满足人们对美好旅游生活向往的核心功能，积极通过文旅融合、产品和 IP 打造、科技创新，不断推出新产品、新服务和新模式，努力增强作为旅游央企的核心功能。一是促进文旅融合发展。坚持"以文塑旅、以旅彰文"，出台《深化文旅融合推动旅游业高质量发展实施方案》，持续推动文化和旅游融合发展。所属香港中旅社承办"盛世聚首，天宝芳华"圆明园国宝兽首文物展，助力香港中外文化艺术交流中心建设，累计吸引 3.5 万人次到场参观。杭州湘湖越界项目借力米其林、中国美院两大 IP，融合艺术、美食、名品，开业前三周销售额连续增长，单周销售额超过 70 万元。二是加强产品创新和 IP 创意打造。坚持实施精品战略，通过开发、引入和合作等多种模式，持续推陈出新打造创意产品和 IP，推动传统业务转型发展。景区业务打造沙坡头沙漠钻石酒店、德天瀑布"天空之戒"等新产品，人均二次消费 82 元、较 2019 年增长 58%。旅行社积极推进"B 转 C"业务，全年为中国银行会员提供 21 万次旅行服务、销售额超过 1 亿元。海口国际免税城打造"天际密林"IP，荣获中国建设工程鲁班奖，并喜摘"中国钢结构金奖年度杰出工程大奖"。三是推动科技创新和数字化转型发展。围绕发挥科技创新作用，打造科技创新实体平台，通过灯塔项目以点带面开展全面创新，推动数字化转型与业务和管理的深度融合。免税业务通过搭建数据中台，整合交易域、公共域、用户域、流量域、商品域数据，面向各品类定向分配用户群体实现精准营销，商品点击率提升 74%，人均曝光商品数提升 1746%，成交转化率提升 35%。供应链项目通过"统采"向"集采"转型，应用自动化设备开展仓网布局智能规划，实施通关一体化供应链模式创新，实现出入库效率提升 340%，仓库利用率长期保持在 60%~90% 的行业优秀水平，通关时效提升 18%，供应链整体时效提升 33%。

（三）坚持"治理现代、品牌卓著"，以深化改革为抓手激发企业价值创造活力

坚持以新一轮国有企业改革深化提升行动为引领，坚持功能使命性改革和体制机制性改革同步抓，通过激发企业动力、塑造企业文化提升各级企业和全体员工价值创造的活力。一是优化治理管控，健全市场化经营机制。坚持以董事会为重点加大授权放权激活企业活力，以机构和人员精减为重点建设治理型、服务型总部，以中长期激励为试点激发员工动力。制定《直属二级公司董事管理办法》等制度文件，形成了比较系统的外部董事规范化管理体系，所属164户应建清单内子企业全部建立董事会，并实现外部董事占多数，新增7户子企业落实董事会重点职权试点。开展中长期激励试点，景区业务向118名管理和技术骨干授出6149万股股票期权，佳富物业制订超额利润分享试点方案和实施细则。二是优化资本债务架构，推动专业化整合。聚焦产权和管理权不统一问题，按照责权利对等原则，开展一系列的资本债务重组优化和专业化整合项目。通过"债转股"优化事业群产权及债务结构，中旅旅行资产负债率降低13个百分点、中旅投资和中旅酒店资产负债率降低38个百分点，均达到或者优于行业平均水平。积极推进资产专业化整合，将集团在港的11处物业以及协记货仓股权等转让至中旅发展进行专业化管理。三是持续擦亮中旅品牌，献礼集团成立百年。围绕"中旅百年"开展系列宣传活动，品牌引领能力得到有效提升。举办"共话百年中旅，同心展望未来"座谈会，央视、人民网、新华社等50余家主流媒体发布相关报道。举办第三届海南"全岛一家"品牌活动，树立"中国旅游集团助力海南自贸港和海南国际旅游消费中心建设"的良好品牌形象。再次进入国资委"2022年度中央企业品牌建设能力排行榜TOP30"名单，位列第18名。"百年中旅展现央企担当，打造融媒体传播新维度"品牌传播案例被列入国资委"2022年度中央企业品牌建设典型案例名单"。

（四）中国旅游集团中免股份有限公司创建世界一流专业领军示范企业评价指标体系

中国旅游集团中免股份有限公司围绕4个一级维度（专业突出、创新驱动、管理精益、特色明显），11个二级指标，36个三级指标，以及3个行业/企业特色指标（旅游零售场所面积、旅游零售商品品牌数量、获得上市公司信息披露、投资者关系等公司治理类奖项或入选ESG榜单情况）建立了评价指标体系（表2-5）。

表 2-5 中国旅游集团中免股份有限公司创建世界一流专业领军示范企业评价指标体系

一级维度	二级维度	三级指标	单位	内涵/计算公式
专业突出	竞争能力	主导产品行业地位	—	体现企业主导产品在全球或中国范围内的行业细分龙头地位
		市盈率	倍	年末股票总市值/净利润
		软实力（信用评级）	—	按照企业主体信用评级进行赋值（债券信用等级）（AAA、AA、A、BBB、BB、B 等）
		专精特新认定级别	—	专精特新认定级别
	发展能力	近三年平均净资产增长率	%	近三年平均净资产增长率=[（本年期末净资产）-本年期初净资产/本年期初净资产+(上年年末净资产-上年期初净资产)/上年期初净资产]/2
		近三年平均营业收入增长率	%	近三年平均营业收入增长率=[（本年期末营业收入）-本年期初营业收入/本年期初营业收入+(上年年末营业收入-上年期初营业收入)/上年期初营业收入]/2
创新驱动	创新基础	企业研发机构情况	个	院士专家工作站数量
			个	博士后工作站数量
			个	国家级科研机构数量
			个	省部级科研机构数量
			个	市级科研机构数量
	创新投入	研发经费投入强度	%	研发经费投入/营业收入
		研发经费投入增速	%	本年研发经费投入/上年研发经费投入
		应用基础研究投入占比	%	应用基础研究投入占比=应用基础研发投入/研发投入总额
		研发人员占比	%	期末研发人员数量/期末公司总员工数量
		高层次人才数量	人	地市级以上人才数量
	创新产出	原创技术策源地	—	是否为原创技术策源地
		企业累计创新奖项获取情况	个	企业近3年国际级创新奖项累计获取情况
			个	企业近3年国家级创新奖项累计获取情况
			个	企业近3年省部级创新奖项累计获取情况
			个	企业近3年市级创新奖项累计获取情况
		发明专利授权数量	个	企业本年所获发明专利授权数量
		主持或参与国家标准数量	个	企业本年主持或参与国家标准数量

续表

一级维度	二级维度	三级指标	单位	内涵/计算公式
创新驱动	创新产出	主持或参与团体/地方/行业标准数量	个	企业本年主持或参与团体/地方/行业标准数量
		承担国家级科技计划项目数量	项	企业牵头或参与承担的国家级科技计划项目或课题数量
		承担省部级科技计划项目数量	项	企业牵头或参与承担的省部级科技计划项目或课题数量
		战新产业占比	%	战新产业营业收入/营业收入总额
		战新产业收入增长率	%	本年战新产业营业收入/上年战新产业收入−1
管理精益	管理效率	总资产周转率	%	营业收入/当年平均资产总额
		全员劳动生产率	万元	劳动生产总值/当期从业人员平均人数
	经营效益	利润总额	亿元	利润总额=营业利润+营业外收入−营业外支出
		营业现金比率	%	经营活动产生的现金流入净额/营业收入
		净资产收益率	%	净利润/当期平均净资产
		销售利润率	%	利润总额/营业收入
	风险防控	资产负债率	%	期末负债总额/期末资产总额
		环保风险事件	—	评价期内，是否发生重特大突发环境事件，或发生环境违法违规事件造成严重环境污染、生态破坏
		生产安全事故	—	评级期内，是否发生重特大生产安全事故
		五年内未发生违法违规事件被国资委追责	—	五年内是否因发生违法违规事件被国资委追责
特色明显	特色产品	主导产品优势	—	主导产品名称 主导产品定义：指企业核心技术在产品中发挥重要作用，且产品收入之和占企业同期营业收入比重超过50%。
			—	主导产品类型
	特色服务	主导服务优势	—	主导服务名称
			—	基于服务功能角度的分类
			—	基于服务发展阶段的分类

续表

一级维度	二级维度	三级指标	单位	内涵/计算公式
特色明显	品牌文化特色	主导品牌优势	—	主导品牌名称
			—	主导品牌是否经国家知识产权局商标局正式注册
			—	主导品牌所包含的产品或服务已经实现收入
			—	主导品牌入选榜单
		企业文化优势		特色管理文化所获奖项
	行业/企业特色指标	旅游零售场所面积	平方米	—
		旅游零售商品品牌数量	个	—
		获得上市公司信息披露、投资者关系等公司治理类奖项或入选 ESG 榜单情况	—	获奖的情况

七、安徽海螺

安徽海螺集团有限责任公司（以下简称安徽海螺）是全球最大的水泥建材企业集团之一，是地方国有企业。安徽海螺控股经营海螺水泥、海螺新材和海螺环保三家上市公司，产业涉及水泥制造、绿色建材、智能制造、新能源新材料、节能环保、国际贸易等领域，在全国和世界范围内拥有 660 多家子公司，总资产突破 3000 亿元，经济效益和水泥产能分别位于世界同行业第一、第二，2022 年，安徽海螺以 397 亿美元的营业收入蝉联进入世界 500 强榜单，今年荣获第七届中国工业大奖，在业内享有"世界水泥看中国，中国水泥看海螺"的美誉。

（一）战略安排

在水泥行业享有很高知名度的"海螺发展模式"，就是"T"型发展战略。海螺集团充分利用长江这条黄金水道，在沿江石灰石多的地方建水泥熟料基地，在经济较为发达的沿海地区收购、改造小水泥厂为水泥研磨站，这个开创性的"熟料基地+研磨站"的"T"型布局和建设模式，为海螺冲出山区、抢滩长三角，实现跳跃式发展奠定了坚实基础。

1998 年，国家针对通货紧缩问题，对传统产业实施"控制总量、调整结构"的战略性调整。海螺集团敏锐地意识到，企业扩张发展，必须在市场定位的前提下制订出新的发展战略。由此，海螺依托长江，发挥铁路和内河的交通优势；以沿江、沿海水路城市为主市场，重点开拓铁路沿线和陆路城市市场；立足华东，辐射中国沿海和境外东南亚市场。这一战略，为加快我国水泥工业结构调整发挥了重要的示范带动作用。

这一进程中，海螺集团 2002 年在铜陵率先建成了国内第一条日产 5000 吨的国产化示范线，结束了我国大型水泥装备重复引进、代代引进的历史。2004 年，分别在铜陵、枞阳等地建成了 4 条日产一万吨新型干法熟料生产线，中国水泥生产技术由此登上了世界水泥行业的最高点。《世界水泥》杂志给予高度评价："世界水泥看中国，中国水泥看海螺。"随后实施的余热发电、协同处置城市生活垃圾、碳捕集、智能工厂等创新项目，推动了水泥产业的转型升级。

"十三五"时期，海螺集团深入贯彻新发展理念，充分发挥党建引领作用，实施创新驱动，加快转型升级，在绿色化、智能化、国际化发展上取得了长足进步，顺利实现了安徽省委、省政府赋予的"一强三冠"目标。

进入新时代，海螺集团聚焦主责主业，夯实创建世界一流企业根基。"十四五"期间，围绕"传统产业数智化转型、新兴产业规模化转接、高新技术产业化转化"的产业发展思路，构筑以水泥制造为基础，新能源、新材料、环保产业、数字经济、国际贸易 5 大产业相互促进的"一基五业"高质量发展新模式，力争保持不低于每年 200 亿元的投资规模，巩固水泥行业领军地位，加快形成新能源、新材料、环保产业等 3 个百亿级产值的新兴产业规模。同时，加快实施国际化发展战略，已在"一带一路"沿线 20 个国家和地区拥有 40 多家企业，建成 10 个水泥和型材项目，在建项目 4 个，海外员工有 4000 余人，累计投资超过了 120 亿元，进一步拓展了企业的发展空间，奠定了国际化发展新格局，正在全力打造国际一流企业。海螺集团输出国内最为先进的技术和装备，打造精品工程和绿色标杆工厂，扩大投资贸易，助推当地经济社会发展、基础设施互联互通和产业转型升级，带动了我国大型装备出口、工程总包等业务在海外的拓展。

（二）技术创新

对标世界一流勇攀水泥技术最高峰。安徽海螺成立初期即瞄准国际先进水平，通过引进消化吸收、自主攻关创新，建成了我国首条日产 5000 吨国产化示范线、世界首条日产 12000 吨生产线，进入世界领先行列。进入数字时代，安徽海螺建成了全球首个水泥全流程智能工厂，并向 100 多家工厂推广智能制造技术，打造智能制造集群；建成水泥、新材、双碳行业工业互联网，成功试点"水泥工业大脑",孵化了矿山无人驾驶、智能包装发运、智能质量管理和智慧物流供应链平台等数字产业公司,促进数字生态圈繁荣发展,企业先后荣获国资委"2020年国有企业数字化转型典型案例",工信部首批"数字领航企业""智能制造标杆企业"。率先探索减碳技术,建成我国首套水泥纯低温余热发电机组,首个水泥窑协同处置城市生活垃圾系统,世界首个水泥窑碳捕集纯化示范项目,为世界水泥行业开创了碳捕集利用先河。建成行业首个"零外购电""全绿电"水泥工厂,首个"零碳"水泥工厂、二氧化碳智慧农业温室等项目,加快"双碳"前沿技术研发,参与国家重点实验室建设,研究探索二氧化碳制可燃气、二氧化碳矿化混凝土等前瞻性技术。

聚焦科技创新,巩固世界一流企业技术水平。以六大产业转型升级为主要发力方向,成立产业研究院,打造集团公司"科研平台、管理平台、产研平台"。围绕数字转型和绿色转型两类技术开展攻关,扎实推进智能工厂集群网络建设,打造水泥"工业大脑"。加快研究替代燃料制备利用技术,深入研究二氧化碳植物气肥和制甲醇、甲烷等高附加值碳衍生技术,抢抓碳达峰碳中和战略主动权。

(三) 品牌创建

为满足企业扩张发展的需要,1995年,海螺集团聘请专业策划公司设计导入了企业形象识别系统。其中的海螺集团标志,体现了海螺人寻求突破、上下求索,为人类开拓和创造新空间的理念。这一较为超前的策略,为企业树立了清晰的国际市场形象,也为快速发展提供了强有力的品牌支撑。

在新时期,安徽海螺集团继续对标世界一流积极创建知名品牌。安徽海螺大力实施"走出去"战略,实施国际化产业布局,海外投资达155亿元,沿"一带一路"建成20个实体工厂,成为国内同行业海外投资规模和产能规模的"双料冠军",为国产品牌走向世界奠定坚实基础。同时,以高质量产品为先导,树立高端品牌形象,自主开发了专用于核电工程的核电水泥,适用于精密仪器、导航定位系统的无磁水泥等。海螺品牌产品广泛应用于上海东方明珠、大亚湾核电站、美国旧金山奥克兰海湾大桥、迪拜哈利法塔等世界级代表性工程,海螺牌大型水泥环保装备反向出口到发达国家。安徽海螺的品牌价值受到全球认同,CONCH商标水泥、型材产品先后获得国家驰名商标认证,海螺品牌连续5年名列"世界品牌实验室"中国最具价值品牌500强前100位,CONCH商标水泥产品位居世界单一水泥品牌第一。

(四) 商业模式

安徽海螺集团聚焦商业模式,构筑世界一流企业产业架构。积极构建高质高效的精细化工产业体系，加快向光伏玻璃、硅产业链、氢能应用等领域拓展，完善新材料"研发、生产、服务、再生"一体化产业链，拓展"风、光、水、储"新产业，谋划开展氢能、生物质能等绿源技术研究和产业布局。高水平打造海螺工业互联网平台，形成电子招采+商业协作、产线设备预测性维护+社会化服务、行业碳排放标准+交易平台、水泥行业联合创新中心、型材个性化定制平台等新商业模式，不断壮大数字产业。

八、国家电网

国家电网有限公司（以下简称国家电网）准确把握能源电力和企业发展规律，以统一战略为引领，以集团化运作为核心，推动核心资源集约化，完善专业管理体系，坚持不懈推进管理变革和数字化发展，加快建设具有中国特色国际领先的能源互联网企业，走出了一条特大型电网企业的创新发展之路。

（一）以服务党和国家工作大局为导向的战略管理

国家电网公司高度重视战略工作，始终坚持站在服从服务党和国家事业发展大局的高度，制订公司发展战略，狠抓战略执行，保证企业始终沿着正确的方向前进。

进入新时代，公司积极适应能源生产和消费革命新形势，将国际领先作为建设世界一流企业的更高追求，提出建设具有中国特色国际领先的能源互联网企业战略目标。公司立足新发展阶段、贯彻新发展理念、构建新发展格局，提出"一体四翼"发展布局，全面开启转型升级和高质量发展新征程。其中，电网业务为主体，金融业务、国际业务、支撑产业、战略性新兴产业为"四翼"，"一体"与"四翼"握指成拳、相互联动、相互赋能，围绕电网产业链、价值链，形成了高度统一协调的"一盘棋"格局。

（二）以集约为主线的组织管理

国家电网公司自成立以来，密切关注内外部环境变化，发挥企业规模优势，以集约为主线，建立起与电网生产力发展相适应，有利于激发各类要素的组织管理体系，实现了管理水平、效率和效益的不断提升。

进入新时代，国家电网公司积极贯彻落实党中央国务院关于国有企业改革发展的决策部署，全面完成公司制改制，电网业务基本实现"两级法人、三级管理"（"两级法人"是指国家电网公司和省公司；"三级管理"是指总部、省公司和市县公司三个管理层级）。全面打造"五强三优"的坚强公司总部（"五强"指政治能力强、战略统领力强、统筹组织力强、资源配置力强、风险防控力强；"三优"指治理效能优、业绩评价优、服务品质优），完成了对总部职能、机构调整优化，总部战略管控能力和效率得到显著提升，集团管控模式和运行机制实现大幅优化。开展"放管服"改革，总部先后下放事权三批共252项，完善了授权清单管理机制。实施差异化、集团化管控模式，有效激发各层级活力，实现集团效能提升。

（三）高效协同的运营管理

国家电网公司自成立以来，大力推进运营管理变革，强化人财物等核心资源的集约高效管理，建立起了贯穿各层级、覆盖全经营区域的专业管理体系，系统内各项资源要素得到了优化配置，各核心专业环环相扣、彼此衔接，共同构成了电网业务体系的关键支柱，取得了公司决策一贯到底，业务运行协同高效的效果。

进入新时代，国家电网公司围绕"一体四翼"发展布局，全面推动产业升级和高质量发展。坚持一业为主，加快电网向能源互联网升级。坚持四翼齐飞，加快产业升级和协同发展。公司大力提升人财物核心资源配置效率，深化全寿命资产闭环管理，强化精准投资和项目绩效评估，有力保障了资金投向保政策、保安全、保增长方面的重点项目。构建以客户为中心的现代服务体系，打造国际领先的电力营商环境。大力实施数字化赋能工程，应用"大云物移智链"等技术，推动全业务、全环节数字化转型，实现了公司和电网发展"质""效"双提升。

（四）精益现代化的财务管理

作为特大型电网企业，国家电网公司具有规模体量庞大、经营目标多元、业务布局协同、风险防控严格等经营特点。2018年以来，国家电网紧密围绕公司战略目标和"一体四翼"发展布局，统筹中央企业"功能、效率、风险"三个经营要素，坚持"降低社会用能成本与电网可持续发展、效率与风险"两大平衡，加强"八精益"（预算、成本、会计、资产、资金、财税、风控、系统），努力实现专业能力、经营实力和价值服务水平国际领先。

在总部层面组建资本运营管理中心，实现从"管资产"为主向"管资产与管资本"并重转变。建成"1233"新型资金管理体系，资金使用效率、运作效益和安全水平进一步提升。搭建公司经营多维联动预测模型，统筹平衡中长期电量、电价、利润、投资、负债率、EVA等重要指标。建立由16万条支出标准组成的作业成本库，优化成本支出规模和布局。

为满足国家监管要求和自身管理需要，公司顶层设计实施多维精益管理体系变革，以会计管理化改造为起点，打破层级壁垒，推进业财融合，精准实时全程记录公司各项业务活动轨迹，分析每一管理单元的价值创造能力，做到每一个价值记录都有鲜活的业务场景、每一项业务活动都有精准的价值反映、每一类经营要素都要参与价值创造、每一条管理举措都要带来效益贡献，实现信息反映精益与经营管理精益。

（五）完善系统的人资管理

国家电网公司成立之初，面对人力资源管理薄弱问题，制定了统一规范机构编制、统一人员招聘选拔调配和统一制定薪酬政策。同时，结合国企改革新要求和企业发展实际需要，在产业金融单位积极稳妥地探索实施市场化选人、契约化管理和差异化薪酬分配，不断激发人才活力。

进入新时期，国家电网公司持续强化顶层设计，推进人才强企战略，实施差异化培养，逐步培养造就了"四优"领导班子，以及"五过硬"干部人才队伍。公司不断优化完善人才发展环境，打造领导职务、职员职级、专家人才三条通道并行互通的职业成长体系。公司坚持以人为本，建成公司内部人力资源市场，推行职业经理人制度，建立"全方位、全动力"企业负责人业绩考核体系和"多元化、强激励"全员绩效管理体系，配套以岗位绩效工资制度为基本模式的多元化分配体系，建立符合电网特色的全面薪酬激励体系，为推动电网事业发展提供坚强人才支撑。

（六）全球领先的数字化发展

国家电网公司从成立开始，一直高度重视信息化建设工作，信息化在建设坚强智能电网、推动公司科学发展中发挥了关键作用。"十一五"期间，公司重点建设一体化平台、八大业务应用和六大保障体系，成功打造"纵向贯通、横向集成"的一体化企业级信息系统。"十二五"期间，公司进一步拓展人资、财务、物资、规划、生产、营销等十大业务应用系统，打造了全球规模最大的一体化企业集团信息系统，全面建立信息安全主动防御体系。

进入新时期，国家电网公司瞄准能源互联网建设目标，建成全球规模最大的电力信息专用网络，建成国内领先的两级数据中心，初步建成企业级数据中台和业务中台，国网云平台实现规模化应用。开展新能源云平台、智慧车联网、线上产业链金融等新兴业务平台运营，建成"绿色国网"和省级智慧能源服务平台，推动能源跨品种、跨地域互通互济。同时，深化电力大数据应用，探索具有电力特色的数据增值服务模式，对外助力国家治理现代化和社会经济发展，对内服务国家电网公司智慧运营和管理水平提升。公司不断强化网络安全管理，建成"可管可控、精准防护、可视可信、智能防御"的网络安全防御体系。

(七) 特大型电网企业的经营管理之道

国家电网公司作为世界上少有的特大型电网企业，在经营管理方面不仅有着世界一流企业的共性经验，同时也探索出许多具有特大型电网企业特色的经营管理方法，这对中国电力话语体系的构建更具有特殊意义。

(八) 与国家战略同频共振

国家电网公司作为关系国民经济命脉和国家能源安全的国有特大型骨干企业，公司发展直接关系我国经济社会发展，关系十几亿人民的美好生活，关系中国特色社会主义事业建设。进入新时代，公司继承和发扬了"人民电业为人民"的企业宗旨，将"为美好生活充电、为美丽中国赋能"作为企业使命，坚持"国民经济保障者、能源革命践行者、美好生活服务者"战略定位，为经济社会发展提供安全、可靠、清洁、经济、可持续的电力供应，充分发挥电网枢纽和平台作用，加快构建新型电力系统，在保障国家能源安全、推动能源转型、服务碳达峰碳中和中发挥骨干作用，成为引领全球能源革命的先锋力量。

(九) 全网"一盘棋"集中力量办大事

国家电网公司作为全国"一盘棋"中的重要组成部分，必须首先做到全公司"一盘棋"。同时，电网所具有实施平衡、技术密集、规模效应等特性，也决定了公司管理要发挥集中力量办大事的优势，强化集团"一盘棋"格局。公司自成立以来，以统一战略为引领，压缩管理层级、优化组织架构，实行集中管控，合理分工授权，打造集团合力，推进不同地区单位协调发展，努力实现集团整体价值最大化。公司实行战略规划统一管控、重大事项统一决策、重要资源统一配置、制度标准统一规范、整体业务协调运作、信息网络全面覆盖，促进公司"一盘棋"高效运营。

(十) 一贯到底的高效执行

国家电网公司成立 20 年来，在继承和发扬电力行业优秀品质同时，进一步形成了一贯到底的高效执行管理模式，锻造了一支特别负责任、特别能战斗、特别能吃苦、特别能奉献的电网铁军。

公司高效执行力主要来源于以下方面：一是全心全意依靠职工办企业，尊重劳动、尊重知识、尊重人才、尊重创造，使高效执行成为全体干部员工的普遍共识、自觉行动和强大动力。二是高度重视战略动员部署，通过召开各层次、各类别工作会议，统一广大干部思想认识，准确传达任务部署，是提升企业管理水平的重要举措。三是建立完善战略落实机制，将各项战略部署逐级分解落实到发展规划、综合计划和全面预算，同时通过计划、预算、规划的动态滚动修订，确保战略执行精准高效。四是建立完善激励约束机制，通过签订责任状、推行目标责任制、开展全员绩效考核等方式，实现责任层层落实，任务人人明确。五是建立完善监测督办机制，公司建立完善电网调控中心、运营监测中心、客户服务中心，实现了对公司核心业务、重要资源、服务质量的在线监测和实施管控，同时建立自上而下的专项督办机制，对公司重大决策事项，逐一落实责任，跟踪督办推进。

（十一）追求卓越的精神信念

"努力超越、追求卓越"是公司一贯的价值追求，公司始终秉持创造一流业绩、打造百年老店的理想抱负，立足新发展阶段、贯彻新发展理念、构建新发展格局，走高质量发展之路。

一是布局决定全局，统筹谋划"一体四翼"发展总体布局，"一体"与"四翼"有机链接、高效协同、相互促进、相互赋能，实现产业全面升级和高质量发展。二是提升发展动力，把创新摆在全局核心位置，勇当原创技术策源地、现代产业链链长。三是注重品牌，坚守"人民电业为人民"的企业宗旨，统筹发展和安全，确保安全可靠优质供电。四是注重风险管理，在董事会、经营层分别设立审计与风险管理委员会、全面风险管理委员会（内部控制委员会、合规管理委员会），加强电网安全、经营管控、网络安全和金融业务等重大风险防控，国际化项目至今无一亏损，用可持续发展确保企业基业长青。

（十二）电网铁军精神的传承和发扬

国家电网公司广大干部职工始终以大局为重，不惧艰险、冲锋在前，恪尽职守、努力拼搏，用高度的组织纪律性和奋勇争先的精神状态，完成一次次不可能的挑战，创造出一个个不平凡的奇迹。越来越多的电力员工也将继承党的光荣传统和优良作风，发扬电网铁军精神，以更加一往无前的奋斗姿态，为党的电力事业贡献青春、智慧和力量。这笔宝贵的精神财富跨越时空、历久弥新，集中体现了党的坚定信念、根本宗旨、优良作风，凝聚着电网人艰苦奋斗、牺牲奉献、开拓进取的优秀品格，深深融入每一代电网人的基因血脉之中，为兴企强企提供了丰厚滋养。

九、中国石化

中国石油化工集团有限公司（以下简称中国石化）大力实施价值引领战略，凝心聚力推动高质量发展，全力打造世界领先洁净能源化工公司。

(一) 聚焦端牢能源饭碗，打造世界一流供应链

深入贯彻落实习近平总书记"四个革命、一个合作"能源安全新战略和视察胜利油田重要指示精神，持续提升能源自主供给能力，为维护国家安全、促进经济社会健康发展提供有力支撑。

勇于攀登"新高峰"创造新纪录。聚焦"稳油、增气、降本"，把拓资源、增储量、扩矿权作为重中之重，高质量实施七年行动计划，深入推进石油工程"四提""五化"，加快产供储销体系建设，勘探开发投资持续增长。始终引领页岩气新区新层系勘探和立体开发，页岩油勘探取得重大突破，国内油气产量当量刷新历史纪录。胜利济阳页岩油国家级示范区正式揭牌，成为我国首个陆相断陷盆地页岩油国家级示范区，培育了石油战略接替新领域；"深地一号"推开超深层油气宝库大门，成为我国首个以"深地工程"命名的油气项目。

积极抢抓"新赛道"实现新领跑。综合布局推动氢能、光伏、风能、地热、生物质能等发展，构建清洁低碳能源供给体系。积极推动国内氢能产业链建设，新疆库车2万吨/年绿氢示范工程氢工厂主体建成，实现绿氢零的突破，建设和运营加氢站数量居全球首位，全力构建基础实力过硬、应用场景完善、产业生态良好的高质量氢能产业链，被国资委授予氢能应用产业链链长企业。

大胆开拓"新蓝海"打造新优势。落实国家"一带一路"建设，用好两个市场、两种资源，积极参与全球石油石化市场竞争，布局海外上游业务，在"一带一路"沿线17个国家实施32个油气勘探开发项目，初步形成非洲、南美、中东、亚太、俄罗斯-中亚、北美六大重点区域，基本实现多元发展的油气勘探开发合作境外布局。

(二) 聚焦科技自立自强，打造世界一流创新链

紧密结合"国之所需""企之所能"，努力打造原创技术"策源地"，体系化提升原创技术需求牵引、源头供给、资源配置、转化应用"四个能力"，为加快实现高水平科技自立自强、建设世界科技强国贡献石化力量。

强化责任担当服务国家战略需求。全面服务国家战略需求，紧密结合高质量发展需要，把技术研发落在创造新的增长点上，引领战略新兴产业发展壮大。紧扣发展需求攻克关键核心技术。从源头和底层解决关键技术问题，奋力抢占科技"制高点"，加强基础研究，深化体制创新，推动产出更多原创性成果。大力发展油气和新能源技术，加快推进油气勘探开发理论、工程技术与装备攻关突破，强化分子炼油、材料基因组学等基础研究布局，POE、PVA光

学膜、高温导热油等"卡脖子"技术取得重大突破，特深层油气勘探开发及工程、规模化绿电制绿氢、原油直接裂解制乙烯、特种橡胶等关键核心技术攻关取得新进展，一批先进技术为大国重器提供了坚实支撑。

聚焦效能提升打造良好创新生态。深化科技体制机制改革纵深推进，锻造科研成果转化的鲜明竞争优势。大力实施"十条龙"科技攻关机制，把科研、设计、装备制造、工程建设、生产和销售力量组织起来，打造自主技术快速转化"金名片。建立重大科技项目攻关机制，实施项目长负责制，大力推进"大兵团""揭榜挂帅"攻关模式，推进从基础研究到工业转化的贯通式创新。

（三）聚焦绿色转型发展，打造世界一流产业链

按照国家有关"碳达峰、碳中和"工作的总体部署和要求，加大布局优化和结构调整，持续推进化石能源洁净化、洁净能源规模化、生产过程低碳化，争当绿色革命转型发展的"开路先锋"。

推进化石能源洁净化，打造一流的多元产业链。坚持"控制总量、优化存量、淘汰落后、绿色转型、集聚发展"，统筹炼化先进产能布局，全力巩固优势产业主导地位。提升洁净油品供应能力和炼油综合竞争力，以自身结构的优化、竞争力的增强，带动产业链上下游协同发展。

推进洁净能源规模化，打造一流的高端产业链。坚持"基础+高端""化工+材料"发展方向，引领"油转化""油转特"进程。第三代芳烃技术首套工业应用装置开车成功，促进我国芳烃生产技术水平和国际竞争能力显著提升。在高端树脂、高端橡胶、高性能纤维、可降解材料、医用材料等领域加大布局、加快突破，高端润滑油基础油、国产碳纤维、特种橡胶、医卫用关键原材料等一批高端新材料实现产业化。航天相变材料应用于问天实验室，填补国内空白。充分发挥煤化工成本竞争优势，增产高附加值产品，煤炭清洁高效利用迈出新步伐。

推进生产过程低碳化，打造一流的绿色产业链。以碳的"净零"排放为终极目标，坚持存量降碳、增量低碳、走向零碳、发展负碳，统筹碳达峰碳中和，稳步实施碳达峰八大行动，打造绿色竞争力，大力优化产业、能源结构，深入开展节能减污降碳和资源循环利用，持续推进化石能源洁净化、洁净能源规模化、生产过程低碳化、能源产品绿色化，提高绿色低碳竞争力，助力国家如期实现碳达峰目标。

（四）聚焦智能管理变革，打造世界一流价值链

聚焦全球视野、国际标准、专业特质、行业领先，加快智能管理模式变革，推动管理体系更好满足发展需求，管理决策达到最优化水平，管理手段进

入智能化时代，提升全要素价值创造能力，加速打造世界领先洁净能源化工企业。

创建"模型化、场景化、动态化"战略型财务管控体系，实现石化速度向石化质量转变。以高质量发展为目标牵引，围绕提升价值创造能力和效益效率，构建"集团公司、板块、企业"三级战略财务管控体系。推行战略财务价值量化七步法，搭建长期价值量化测算模型，确定战略财务管控目标和边界，谋划战略执行的最优路径，引导推动公司战略落地见效。强化价值引领与预算牵引双驱动，深化应用高质量发展评价指标体系，动态跟踪"一利五率"等主要财务经营指标，促进战略财务与全面预算衔接融合。

创建"全周期、全方位、全要素"智能型生产运营体系，实现石化制造向石化智造转变。基于石化智云工业互联网平台，打造智能化运营管理新模式，实现全生命周期管理、全过程服务保障、全方位风险防控和全要素效能管控。树立全产业协同优化理念，坚持全集团上中下游一体化经营，促进跨部门、跨专业、跨地域、多系统业务协作，实现产业链整体效益最大化。围绕协同优化、监测预警、调度指挥、集成展示等功能，提升一体化运营管理水平，集成37套系统及外部数据源，打造行业领先的智能运营中心，为优化增效提供数据保障，提升了运营协同优化、全业务链异常监测预警能力。

创建"跨系统、跨产业、跨区域"智慧型产品服务体系，实现石化产品向石化品牌转变。推动大数据、区块链、人工智能等先进技术与业务深度融合，培育价值增长"新引擎"。积极推进数字化转型专项行动计划落地，以"工业互联网+"、人工智能等10余项国家试点示范项目引领行业数智化发展。做强做优电商平台，全新打造易派客2.0，持续完善"易系列"特色工具和特质专区，致力打造"千企千面"特色服务，建立"供应链管理数智化采购解决方案"服务新模式。融合多渠道、多业态营销需求，汇聚互联网平台效能，销售网络有序拓展，"易捷"数字化服务运营能力持续提升，加快向"油气氢电服"综合能源服务商转型。

（五）油品销售企业地市级公司"两力"评价指标体系

为促进油品销售企业地市级公司进一步对标先进、找准定位、提高经营质量、规划发展战略，持续增强综合竞争能力和发展进步能力，制定"两力"评价指标体系。

1. 综合竞争能力

综合竞争能力侧重评价地市级公司综合性的经营管理能力和市场竞争能力，主要考核经营规模、经营效益、劳动效率和发展能力四类指标（表2-6）。

表2-6　中国石化油品销售企业地市级公司综合竞争能力评价指标体系

指标类别	指标名称	权重
经营规模（36%）	油气经营总量	12%
	自营机出零售量（含天然气零售量）	16%
	非油品基础品类营业额	5%
	非油品自有品牌商品销售额	3%
经营效益（25%）	利润总额	12%
	汽柴油机出零售价格到位情况	3%
	非油毛利额	5%
	成品油吨油费用	5%
劳动效率（10%）	人均零售量	10%
发展能力（29%）	在营加油站座数两年同比增幅	8%
	自营机出零售量两年同比增幅	11%
	利润总额两年同比增幅	5%
	万元投资机出零售增量	5%

2. 发展进步能力

发展进步能力侧重评价地市级公司在经营规模、经营效益、劳动效率等方面的发展能力和提升水平，主要考核利润总额、自营机出零售量、在营加油加气站座数、油气经营总量、非油品基础品类营业额、人均零售量和成品油直分销有效销量七类指标的发展水平（表2-7）。

表2-7　中国石化油品销售企业地市级公司发展进步能力评价指标体系

指标类别	指标名称	权重
利润总额增长（20%）	利润总额两年同比增幅	15%
	利润总额近三年平均增长率	5%
自营机出零售量增长（20%）	自营机出零售量两年同比增幅	15%
	自营机出零售量近三年平均增长率	5%
在营加油加气站座数增加（20%）	在营加油加气站座数两年同比增幅	15%
	在营加油加气站座数近三年平均增长率	5%
油气经营总量增长（10%）	油气经营总量两年同比增幅	10%
非油品基础品类营业额增长（15%）	非油品基础品类营业额两年同比增幅	15%
人均零售量提高（10%）	人均零售量两年同比增幅	10%
成品油直分销有效销量增长（5%）	成品油直分销有效销量两年同比增幅	5%

3. 指标评价方法

1) 单项指标评价得分

对综合竞争能力和发展进步能力各单项评价指标，均采用平均值赋分法计算指标得分。

$$单项指标得分 = A + \frac{D-A}{E-B} \times (C-B) = 100 + 50 \times \frac{C-B}{E-B}$$

其中：

A 为针对地市级公司某单项指标平均值赋予的标准分（100 分）；

B 为地市级公司某单项指标平均值；

C 为地市级公司某单项指标的实际值；

D 为针对某单项指标排名前 20% 的地市级公司平均值赋予的标准分（150 分）；

E 为某单项指标排名前 20% 的地市级公司平均值。

2) 综合竞争能力排名评价

在单项指标加权合计得分的基础上，设置贡献规模调节系数，计算得出综合竞争能力得分并以此进行排名。具体计算方法如下：

某地市级公司综合竞争能力得分 = 单项指标加权合计得分 × 贡献规模调节系数

其中：贡献规模调节系数由利润总额贡献规模（40%）、自营机出零售量贡献规模（40%）、油气经营总量贡献规模（20%）三项指标构成，在加权合计后采用插值法折算在 0.8~1.2。

3) 发展进步能力排名评价

在单项指标加权合计得分的基础上，设置利润规模调节系数，计算得出发展进步能力得分并以此进行排名。具体计算方法如下：

某地市级公司发展进步能力得分 = 单项指标加权合计得分 × 利润规模调节系数

其中：利润规模调节系数根据当年利润总额情况采用插值法折算在 0.95~1.05。

4. 排名评价结果应用

销售公司每年年初公布销售企业地市级公司"两力"排名情况，对排名靠前地市级公司进行表彰奖励，对排名靠后地市级公司进行督导。充分运用"两力"评价结果，引导和激励地市级公司主动对标先进，积极参与市场竞争，不断提升经营管理工作水平。

十、中国航油

中国航空油料集团公司（以下简称中国航油）成立于 2002 年 10 月 11 日，

是国内最大的集航空油品采购、运输、存储、检测、销售、加注于一体的航油供应商。中国航油构建了遍布全国的航油、成品油销售网络和完备的油品物流配送体系，在全球280多个机场为460多家航空客户提供航油加注服务，在23个省、自治区、直辖市为民航及社会车辆提供汽柴油及石化产品的批发、零售、仓储及配送服务。中国航油始终聚焦航油保障、科技创新、绿色发展、应急救援等重点领域，主动融入和服务中国式现代化建设全局，在保障国家航油供应安全、促进经济社会发展等方面充分发挥了国有经济战略支撑作用。

（一）强管理抓落实，构筑管理提升赋能高质量发展新格局

中国航油加强顶层设计，将对标提升与公司"融入新阶段、建设新航油"战略有机结合，连续三年开展"强降促保""百日攻坚""立功竞赛""建功实践"系列提质增效活动。各管理层级、各生产单元分别明确提升目标、落实工作责任，形成行之有效的管理项目优化方案，全系统"挂图作战"、压茬推进，以管理创新力促企业高质量发展。

中国航油借鉴国内国际先进管理成功实践，不断丰富对标方法路径，加强学习运用。中国航油细分"8+2"管理领域，将对标理念融入日常管理，锚定契合本企业发展需求的标杆水平，将短板弱项分解为专业化要素指标，与标杆的要素逻辑框架精准比较，合理设定提升目标。围绕战略与投资管理、财务一体化管控和风险管理体系构建、安全运营管理精益化、信息化与数字化转型等领域，向国内外优秀企业对标取经，以内部竞赛、研讨座谈等形式开展共享，推动各单位深入实践运用，不断提升管理体系和管理能力现代化水平。

在强化过程督导管理和考核激励引导过程中，中国航油建设对标提升督办管理信息系统，设计了由发散到集中的"树形"填报结构，动态获取关键领域的任务进度和综合成果完成质量；启用"语雀"云平台搭建对标资源库，以"公网+内部FTP"架构实现在线研讨，加强交流宣贯；将对标工作纳入业绩考核体系，"硬指标+强奖惩"双维度激励，促进互学互促；在全系统开展优秀管理项目创建活动，推广复制国资委管理标杆、"双百""科改"以及外部创效能力强、混改成效突出等企业的优秀实践，打造一批中国航油特色标杆。

（二）补短板扬长板，精准施策提升质效水平与抗风险能力

中国航油探索形成"以内部对标平衡公司间发展差距、以外部对标实现整体质效提升"的管理创新路径，在创新运用成本费用定额管理体系基础上，开展成本费用对标考核促进合理压控，"以点带面"深化内部对标。坚持定性和定量双翼驱动，逐年挖潜各类费用控制、加油作业能力提升等指标，持续推动业务绩效和价值创造能力提升；建设运用智慧航油系统推进数字化转型，实现生产作业、销售结算、客户服务模式的自动化和智能化，与空管局、十余家国内外航司、47座干线机场、6家银行系统相连接，大幅降低航油加注与结算成本，协同促进民航各方共建智慧民航生态圈。

中国航油构建基于"风险管理"理论的安全运行管理体系，吸纳BP安全运行理念，合理调控体系要素，强化加油员行为管理，编制1个管理手册、23个运行程序文件，重点加强对不可接受风险、重大风险、重点隐患的有效性监控；深化法治央企建设，加强规范管理，防范化解经营风险，科学搭建3级3大类29子类的制度体系框架，充分发挥制度在法律、风控、内控、合规协调发展中的基石作用。

中国航油在集团层面设立科技管理、网信技术等创新职能部门，引进科技专业人才，建设研发基地，搭建基于航油领域油品应用、特种车辆、工程建设、网络安全等研发中心的自主创新平台；研究全球生物航油的发展趋势和市场模式，参与中国生物航油的试飞和载客飞行，助力民航绿色转型；积极融入中央企业创新联合体，承担中国移动5G新型信创云关键技术研究与攻关任务；集团所属"科改示范企业"上海承飞公司自主研制65000升罐式飞机加油车，填补产品系列空白，获评工信部专精特新"小巨人"。

（三）抓成效促提升，以长效对标管理锻造企业核心竞争力

中国航油规范化标准化开展供油保障，圆满完成了中国共产党成立100周年、两会、2022年北京冬奥会等重大保障活动，妥善应对各地应急抢险任务，实现了"确保安全、优质服务、绝对保障、万无一失"目标；推动运营管理精益化，协同产业链相关方克服资源紧张、炼厂检修、价格倒挂等不利情况，确保航油有序供应。2021年安全保障航班400万架次、2676万吨，同比增长6%和5%，有力践行了"竭诚服务全球民航客户、保障国家航油供应安全"的庄严使命。

中国航油提速成本费用精益化管理体系建设，2021年吨油进货费用和期间费用均较预算下降5.9%；优化库存创效水平，提升石油非油业务和物流第三方水运市场的自主创效能力，重构采购管理体系节约成本，完善交易对象及航空客户风险预警机制，企业阶段性盈利稳定、抗风险能力增强。

以"科技航油"战略为切口，中国航油出台包含科技立项、科技经费、项目外协等一揽子制度，设立千万元科技奖励，构建"薪酬特区"，筑牢科技发展基础；对航油全要素、全流程、全场景进行数字化处理、智能化响应和智慧化支撑，以数字化赋能民航供油产业转型升级，形成了以科技创新为核心、数字化转型为手段、全面创新为目标的航油特色创新发展格局。

（四）中国航油（北京）创建世界一流专业领军示范企业评价指标体系

中国航油（北京）机场航空油料有限责任公司围绕4个一级维度（专业突出、创新驱动、管理精益、特色明显），11个二级指标，35个三级指标以及行业/企业特色指标（近两年新签合同额增长率）建立了评价指标体系（表2-8）。

表2-8 中国航油（北京）创建世界一流专业领军示范企业评价指标体系

一级维度	二级维度	三级指标	单位	内涵/计算公式
专业突出	竞争能力	主导产品行业地位	—	体现企业主导产品在全球或中国范围内的行业细分龙头地位
		市盈率	倍	年末股票总市值/净利润
		软实力（信用评级）	—	按照企业主体信用评级进行赋值（债券信用等级）（AAA、AA、A、BBB、BB、B等）
		专精特新认定级别	—	专精特新认定级别
	发展能力	近三年平均净资产增长率	%	近三年平均净资产增长率=［(本年期末净资产)-本年期初净资产/本年期初净资产+(上年年末净资产-上年期初净资产)/上年期初净资产］/2
		近三年平均营业收入增长率	%	近三年平均营业收入增长率=［(本年期末营业收入)-本年期初营业收入/本年期初营业收入+(上年年末营业收入-上年期初营业收入)/上年期初营业收入］/2
创新驱动	创新基础	企业研发机构情况	个	院士专家工作站数量
			个	博士后工作站数量
			个	国家级科研机构数量
			个	省部级科研机构数量
			个	市级科研机构数量
	创新投入	研发经费投入强度	%	研发经费投入/营业收入
		研发经费投入增速	%	本年研发经费投入/上年研发经费投入
		应用基础研究投入占比	%	应用基础研究投入占比=应用基础研发投入/研发投入总额
		研发人员占比	%	期末研发人员数量/期末公司总员工数量
		高层次人才数量	人	地市级以上人才数量

续表

一级维度	二级维度	三级指标	单位	内涵/计算公式
创新驱动	创新产出	原创技术策源地	—	是否为原创技术策源地
		企业累计创新奖项获取情况	个	企业近3年国际级创新奖项累计获取情况
			个	企业近3年国家级创新奖项累计获取情况
			个	企业近3年省部级创新奖项累计获取情况
			个	企业近3年市级创新奖项累计获取情况
		发明专利授权数量	个	企业本年所获发明专利授权数量
		主持或参与国家标准数量	个	企业本年主持或参与国家标准数量
		主持或参与团体/地方/行业标准数量	个	企业本年主持或参与团体/地方/行业标准数量
		承担国家级科技计划项目数量	项	企业牵头或参与承担的国家级科技计划项目或课题数量
		承担省部级科技计划项目数量	项	企业牵头或参与承担的省部级科技计划项目或课题数量
		战新产业占比	%	战新产业营业收入/营业收入总额
		战新产业收入增长率	%	本年战新产业营业收入/上年战新产业收入-1
管理精益	管理效率	总资产周转率	%	营业收入/当年平均资产总额
		全员劳动生产率	万元	劳动生产总值/当期从业人员平均人数
	经营效益	利润总额	亿元	利润总额=营业利润+营业外收入-营业外支出
		营业现金比率	%	经营活动产生的现金流入净额/营业收入
		净资产收益率	%	净利润/当期平均净资产
		销售利润率	%	利润总额/营业收入
	风险防控	资产负债率	%	期末负债总额/期末资产总额
		环保风险事件	—	评价期内，是否发生重特大突发环境事件，或发生环境违法违规事件造成严重环境污染、生态破坏
		生产安全事故	—	评级期内，是否发生重特大生产安全事故
		五年内未发生违法违规事件被国资委追责	—	五年内是否因发生违法违规事件被国资委追责

续表

一级维度	二级维度	三级指标	单位	内涵/计算公式
特色明显	特色产品	主导产品优势	—	主导产品名称 主导产品定义：指企业核心技术在产品中发挥重要作用，且产品收入之和占企业同期营业收入比重超过50%
			—	主导产品类型
	特色服务	主导服务优势	—	主导服务名称
			—	基于服务功能角度的分类
			—	基于服务发展阶段的分类
	品牌文化特色	主导品牌优势	—	主导品牌名称
			—	主导品牌是否经国家知识产权局商标局正式注册
			—	主导品牌所包含的产品或服务已经实现收入
			—	主导品牌入选榜单
		企业文化优势	—	特色管理文化所获奖项
行业/企业特色指标		近两年新签合同额增长率	%	—

十一、案例总结

结合国际企业、国内不同行业、不同性质企业在追求世界一流过程中的指标建设和战略规划，可知优秀的企业发展均具有以下明显的特点：

一是强化战略引领。企业主要聚焦创建世界一流、国际领先的发展战略，与国内外先进企业进行全领域、分层次、多维度的对标，将对标一流价值提升行动深度融入企业战略中。围绕新的战略定位，系统构建新战略规划体系，坚持以战略为导向的原则不动摇，将其作为统领，引导组织变革和文化建设的方向。

二是聚焦主责主业。领先企业围绕服务国家战略，深刻分析自身功能使命，明确主责主业。企业围绕主责主业和核心功能，合理、科学配置生产要素，将发展着力点集中到核心业务、擅长领域上，将发展重点从规模速度转变为质量效益。同时秉持"一业为主"基础上的多元化、关联多元化、适度多元化的原则，形成多元业务布局，实现产业升级和协同发展。

三是加快数智化转型。领先企业普遍将数智化转型顶层设计纳入其核心战略，在信息化建设基础上升级战略体系，对内充分挖掘数据资源价值，精准分析企业现状和问题，支撑企业提质增效降本增收，为经营决策、问题决策、投资决策等提供重要支撑。对外通过沉淀的平台能力、运营能力、应用能力、安全能力，有效服务政府、行业和社会，实现对内应用、对外赋能。

四是坚持创新驱动。紧密结合高质量发展需要，把技术研发落在创造新的增长点上，重点打造具有全球竞争力的产品服务，引领战略新兴产业发展壮大。充分发挥优势企业引领支撑作用，组织带动产业链企业共同攻关，推动产品研发和科研成果转化，加快补齐产业链短板弱项，不断提高产品服务质量和效益效率，有效提升企业品牌影响力与国际竞争能力。

五是优化治理模式。企业基于企业战略与业务经营要求，对集团管控体系进行灵活调整，对不同业务板块进行差异化管控，激发业务板块价值创造的能动性，推进公司治理体系和治理能力现代化。优化组织架构，减少内部资源沉淀和无序竞争，压缩管理层级，缩短管理链条，提高资源整合和利用效率。不断完善市场化经营机制，在与市场经济深度融合中不断增强活力、提高效率。

十二、启示与应用

国内外一流企业的价值创造行动主要围绕治理改革、企业定位和对标行动三大关键领域展开，其目标是通过多维度的系统化措施推动企业实现卓越发展，并在全球竞争中脱颖而出。这种体系化的行动模式，不仅能够提升企业核心竞争力，还为行业内其他企业提供了具有参考意义的发展路径。

首先，治理改革是企业价值创造的基础环节。以 IBM 公司和国家电网为代表的世界一流企业，将管理模式的创新作为治理现代化改革的核心，通过优化成本控制、提升利润率以及精简组织架构来实现治理能力的提升。这些创新措施确保了企业能够在快速变化的市场中保持灵活性与竞争力。同时，以安徽海螺和中石化为代表的企业则将技术改革作为治理升级的关键，通过推进内部技术的数字化和专业化改造，全面提升企业的技术实力，以适应现代治理对高效化和智能化的要求。这些举措不仅强化了企业的内部管理能力，也为其长远发展奠定了坚实基础。

其次，明确的企业定位是价值创造行动的重要前提。一方面，企业需聚焦主责主业，以实现行业领先为首要目标。例如，通用电气和亚马逊等企业在主营业务领域持续优化资源配置，确保其在市场竞争中处于优势地位。另一方面，在实现行业领先的基础上，进一步追求独创核心竞争力，以实现从行业领先到行业尖端的飞跃。这种核心竞争力的挖掘和培育，如 IBM 公司对技术创新的坚持，通用电气对先进制造的专注，都使得这些企业能够在激烈的市场竞争中建立独特优势，并在全球范围内获得更多认可。最后，对标行动作为企业价值创造的重要抓手，为企业提供了目标明确和路径清晰的实践方向。具体而言，对标行动分为目标创建和指标体系构建两个阶段。目标创建是对标行动的基础，例如，中国旅游集团和中国航油等企业，将对标目标设定为对齐国内外一流企业，从而实现战略方向的清晰化和可操作性。而指标体系的构建则是对标行动的核心，其包括对指标维度的设定和具体指标的选择。例如，图片中展示的治理改革、创新管理和技术引领三个方向，清晰地体现了指标体系构建的重要内容和方法。在此基础上，企业不仅可以通过横向对标了解自身与标杆企业的差距，还能够通过纵向对标评估内部改革的成效。这种双向对标模式，不仅是企业实现价值创造的重要路径，也是推动其持续改进和高质量发展的必要条件。

综上所述，治理改革、企业定位与对标行动三者共同构成了一流企业实现价值创造的系统工程。图 2-8 中的三角结构形象地展示了这三者之间的相互关联和逻辑关系：治理改革是价值创造的核心驱动力，企业定位是明确方向的关键，而对标行动则为价值实现提供了操作路径。在这一系统框架下，国内外一流企业通过协同推进多维度措施，为自身的可持续发展奠定了坚实基础，同时也为其他企业提供了可借鉴的先进经验。

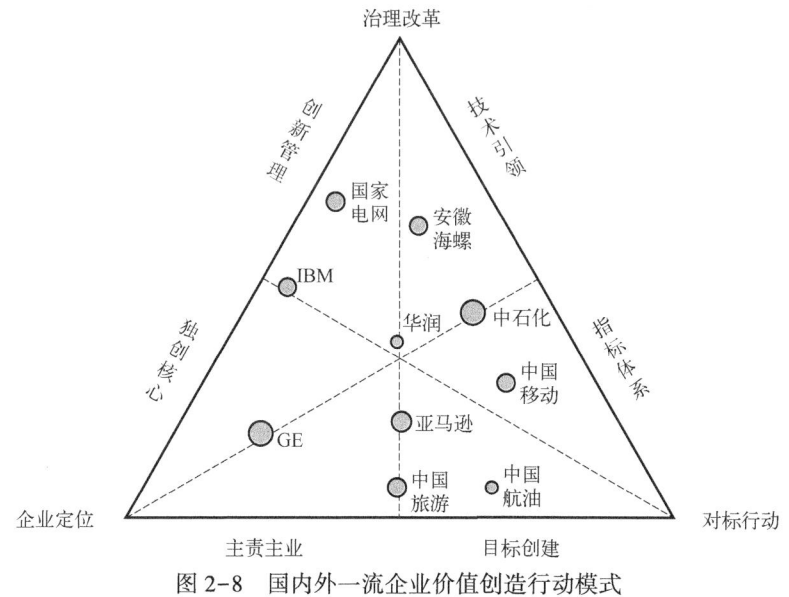

图 2-8　国内外一流企业价值创造行动模式

第三章 指标体系构建

第一节

能源市场形势判断

一、油、气、氢、电、非业务发展现状

成品油需求端整体下降，呈现汽柴降、航煤增态势。目前，国内汽油需求已达峰，经济发达区域降幅更为明显。2024年以来，汽油车出行已显疲态，东、南部地区受极端天气、市内交通网路建设、往年节假日高基数等因素影响，三季度汽油降幅南大于北。随着能源结构的变化，成品油在终端用能市场的需求将持续下降，国内成品油进入达峰后的衰减期，到2035年预计衰减三分之一。多种多样的能源作为终端选择，对当前的汽柴油需求产生替代。

天然气作为"主体能源"的发展方向不会改变。天然气是未来一段时间作为优质、高效、清洁低碳能源的最现实选择，且短期内车用LNG消费税政策难以出台，未来5年LNG的经济性依然明显。受未来5年全球LNG供应宽松支撑价格低位带来的经济性影响，2030年预计LNG柴油替代量将达到4500万吨，基本达峰。2030年前，LNG汽车仍有一定发展空间，但LNG汽车发展受新能源汽车冲击严重。天然气汽车是燃油汽车向新能源汽车过渡的阶段产物，气（CNG、LNG）油比价低于0.6:1或0.8:1，较燃油具备使用经济性，但其使用经济性远低于电动力。在政策引导下，CNG汽车将被新能源汽车快速取代，但LNG汽车在重卡领域仍有一定发展空间，发展窗口期约5~7年（峰值2028—2030年）。受新能源汽车发展的挤压，天然气汽车适合发展的区域从整个中部地区向西北地区收缩。

新能源汽车实际发展速度远超预期。在近期促进国内经济恢复发展大背景下，新能源汽车及充电基础设施成为当前国家经济增长的主要抓手，充电下

乡、以旧换新等政策掀起新热点。在国家政策和市场驱动"双轮"作用下，汽车产业"油电"切换不断加速。根据产销量增长趋势，同时考虑电池供应、芯片供应和产能的限制。2025年新能源汽车保有量预计将超过4000万辆，其中氢燃料电池汽车达到3万~5万辆。2030年、2035年和2040年新能源汽车保有量将达到1亿辆、2亿辆和3亿辆左右；结构方面，新能源汽车市场面临用户结构与销售区域结构的双重调整。从用户结构来看，2024年，插混、增程式新能源汽车销量占比显著提升。充电设施方面，电车充电设施规模快速扩大，保障电车用户需求。目前，城市内充电桩平均使用率不到10%，高速不到1%。随着新能源汽车总量加速提升，公共类充电设施充电量将呈现大幅增长态势。

此外，新能源技术与监管逐步发展健全。一方面，充电技术、电池技术开始快速发展。围绕"充得快、跑得远、安全高效"等行业发展需求，头部企业相继推出了一系列新技术新产品，支撑新能源汽车产业规模持续扩大。其中，在电池领域，宁德时代等头部企业相继推出麒麟电池、凤凰电池、凝聚态电池等更高能量密度电池产品，充电倍率不断提升。尤其是部分头部企业正在研发的固态电池技术，一旦实现突破，将对现有行业格局产生重大影响。在充电技术领域，高压快充、全液冷超充架构、矩阵式柔性充电堆等新技术、新产品不断推出，"一杯咖啡、满电出发"成为可能。另一方面，针对新能源产业的安全监管条例逐步健全。随着新能源汽车产业规模不断扩大，各级政府监管政策不断完善。深圳市消防救援支队发布《新能源汽车地下停放场所消防安全管理规范》，是全国首个关于新能源汽车地下停放场所消防安全管理的地方标准。其中明确：新能源汽车地下停放场所充电区域宜设置在地下一层、二层，不应设置在地下四层及以下；新能源汽车地下停放场所充电区域不应采用快充设施，充电设备最大输出功率不应超过30kW，且宜采用小功率非车载充电机。

相较之下，氢燃料电池汽车推广目前存在技术和经济瓶颈。经历了2016—2019年快速增长之后，2020年氢燃料电池汽车市场明显降温。2021年开始，氢燃料汽车销售量受政策拉动开始回暖，2023年国内氢燃料电池汽车产销量分别为仅5710辆和5847辆，同比增长55.3%和72.0%。2023年氢燃料汽车保有量达到1.8万辆，占比仅0.9‰，正常使用车辆不足50%。根据2025年《氢能产业发展中长期规划（2021—2035年）》预测，2025年国内氢燃料电池汽车保有量达到5万辆。

当前，非油业务面临的机遇和挑战并存，销售企业需及时调整策略，把握发展机会。中国消费市场的内在潜力和发展空间仍然十分广阔，为非油业务发展带来空间，特别是在多重利好因素的共同作用下，中长期来看，消费市场将持续复苏，并呈现出结构性优化的特征。这一趋势不仅体现在消费总量的逐步回升，也体现在各类消费细分领域的稳定增长和区域市场的发展潜力上。首先，从整体消费市场来看，2024年虽然整体复苏势头较弱，但仍然维持了稳步上升的趋势。其次，必选消费品仍然是推动消费增长的重要动力。数据显示，米面粮油等必选消费品在前三季度表现出稳定的增长态势，尽管第三季度有所承压，但总体增势仍然稳健。这表明，居民基本生活需求的刚性特征在一定程度上支撑了消费市场的基本盘。再次，下沉市场的潜力正在逐步释放，成为消费市场的新增长点。数据显示，中国下沉市场的零售消费规模已经超过6万亿元，占整体零售市场的40%。下沉市场的消费增长率长期保持在两位数以上，远高于一线和二线城市的增速。这一趋势表明，下沉市场的消费结构正在逐步升级，消费者的购买力和消费意愿持续提升，为整体消费市场注入了新的活力。此外，便利店渗透率的提升仍然有很大空间。数据显示，中国便利店的人均覆盖率为4751人/店，远高于日本（2197人/店）和韩国（1077人/店）。这一对比显示出国内便利店行业仍然存在较大的扩展空间，未来在优化布局、提升服务以及满足消费者便捷需求方面可以进一步发力；然而，非油业务同时面临着技术与消费者需求变化带来的多种挑战。加油站便利店数量增长不及预期。成品油需求达峰，加油站竞争白热化，进站人数及门店数量萎缩，昆仑好客便利店门店数量由高点有所下降。同时，技术演进影响消费习惯和场景。消费者越来越倾向于在线消费，享受个性化服务，传统进店消费模式受到影响。零售渠道多元化分散消费者消费需求，导致非油业务受到冲击。随着电商平台快速发展，物流配送实现次日达、当日达，加速O2O、社交电商、直播电商等新业态模式兴起，消费者的购买渠道更加多元，便利店业态竞争压力增大，到店客户数量受到显著影响。消费者需求更细分更难满足，消费者消费行为更加理性，消费场景复杂，传统营销方式难以适应现代市场。

二、油气氢电非综合能源服务发展规划

当前能源市场进入深刻变革阶段，传统成品油需求端压力显著增加。随着能源结构转型加速，新能源汽车、清洁能源的渗透率不断提高，对传统能源形成强力替代，天然气作为清洁高效的过渡性能源仍保持重要地位，但也面临新能源汽车快速发展的冲击。面对这种复杂多变的市场环境，企业不仅需要应对需求峰值后的衰减挑战，更需洞察增长点，主动优化业务布局。基于对形势发展的研判，销售公司要从以成品油销售业务为主，向油气氢电非全面发展转变，最终成为国际知名、国内一流的综合能源服务商。业务范围涵盖油、气、

氢、电、非。

（1）"油气氢电非"综合能源服务建立要以加快新能源转型发展为核心，加快发展充电、审慎发展换电、稳健发展加氢、规模发展光伏，聚焦充电核心赛道，全面铺开新能源销售业务（表3-1）。

表 3-1　新能源转型发展规划

业务	发展定位	发展目标	
		2025 年	2030 年
充电	加快发展	进入国内公共充电运营商前列	力争进入国内公共充电运营商前五位
换电	审慎发展	根据市场实际灵活布局，高度关注重卡换电	根据市场实际灵活布局
加氢	稳健发展	运营加氢站	在国内氢能产业实现预期发展的前提下，实现加氢站优化布局
光伏	规模发展	完成所有具备条件的库站光伏项目建设	—

加快发展充电业务，一是要做大网络。把充电网络建设作为销售企业新时期的"生命工程"，充分发挥昆仑网电专业优势，加快建设。二是做强平台。对标头部企业，加大资源投入，大力提升充电平台功能和影响力，与3.0系统紧密融合，力争达到行业先进水平；三是拓展充电+业务。从充电切入充电能源管理与优化，打开虚拟电厂、绿电交易等能源优化服务市场，大力拓展新能源汽车后服务市场。加快发展充电业务的网络布局是推动能源转型和新能源汽车发展的重要举措，通过全面优化布局、深化合作以及探索创新，为行业注入持续发展的动力。首先，以现有站点改造为核心，加快站内充电设施建设步伐，力争在2025年基本完成具备条件的加油站增设充电桩，同时实现站外充电站与加油站的协同布局，打造"中心站+卫星站"的网络模式。在此基础上，推动油电一体化营销，充分发挥加油站的网络优势和服务能力，达成增收不增人的目标；其次，通过深化与主流车企的战略合作，快速建立规模化客户基础和未来增值服务布局，重点为优质车企客户构建高效的充电服务网络。通过合作共建车主服务生态，提升客户体验与黏性，形成可持续的竞争壁垒，实现市场拓展与品牌价值提升；此外，以"两区""三中心"为核心，推动城市和城际充电网络同步布局。在省会城市、区域核心城市及其周边市区县，逐步形成覆盖多级市场的充电网络，紧跟新能源汽车在下沉市场的普及进程，构建完善的充电服务体系；最后，积极探索创新型站点布局，包括"超充站""光储充站""统建统服站""自动充电站"等，充分结合技术前沿和市场需求，引领充电基础设施的创新发展，为行业未来的绿色转型提供坚实的支撑。

稳健发展加氢业务是推进氢能产业发展的重要举措，通过因地制宜的区域划分与多元发展策略，实现加氢网络的科学布局和高效建设，为氢能经济的快速崛起奠定基础。一是，根据各地氢能产业的发展实际，全国以省（自治区、直辖市）为单位划分为"战略布局区""重点推进区"和"同步发展区"三个区域。"战略布局区"覆盖10个省份，通过加大战略投入，适度超前建设，抢占优质站点资源；"重点推进区"涵盖11个省份，紧密结合地方政策和氢能产业现状，持续加大推进力度，力求在区域内形成领先优势；"同步发展区"包含10个省份，按照当地氢能产业的发展节奏，同步推进加氢站建设，确保资源配置的高效与均衡。二是，针对不同类型的加氢站，采取灵活的多元化发展方式。在存量站方面，利用现有加油加气站增设加氢设施，确保与燃料电池汽车发展同步，实现"站随车走"的动态布局；在新增站方面，将新建加氢站作为战略性项目重点推进，通过适度超前布局填补网络空白，为未来需求增长奠定基础；在配套站方面，围绕集团公司氢能产业发展总体部署，重点选择炼厂氢气提纯项目区域，在保障燃料电池汽车加氢用户的前提下，配套开展加氢站布局，增强资源协同效应。

（2）加快发展LNG业务应成为建立油气氢电非综合服务商的重要任务。销售企业应抢抓车用LNG业务，在2030年前窗口期，加快布局，保持和维护客户流量，应对柴油纯枪销量下滑、维持柴油型加油站资产创效能力，对有市场、有效益的项目加快推进、果断实施。坚持"争取份额、量效兼顾"的原则，积极扩大市场占有率，保持业务规模的稳定增长。项目实施前注重科学测算，通过"事前算赢"的方式确保项目的经济效益，实现业务的高效快速发展，为市场竞争奠定坚实基础；注重"统筹规划、有序推进"的策略，以全国一体化统筹为核心，通过协同布点实现整体优化布局。重点关注重卡集中运营的跨省干线物流通道以及国省道交汇地的项目建设，确保资源投入的精准与布局的合理性，从而提升整体服务网络的竞争力；坚持"存量为主、多措并举"的方法，充分挖掘现有加油站网络的资产效能。通过增设设施、租赁、收购、新建以及合资合作等多种开发方式，提升存量资源的利用率，最大程度地扩展业务覆盖面，降低新建成本，推动存量资产的价值再造；以"合理间距、协同发展"为目标，科学控制布点间距。以23条主要国道干线为核心，统筹布局与建设，确保各地区协同推进，实现网络体系的有机融合与整体效能的提升。

（3）航煤业务方面，应全面开展航煤专项营销，全面推动航煤业务高效增长。在总体思路上，要坚持分区域、系统性分析供需与物流格局变化，科学评估航煤市场的供需关系、储运能力及检修保障条件。通过动态监测与分析，明确航煤份额提升与增量潜力区域，为精准施策提供决策依据。在市场细分上，基于公司航煤资源"北多南少"、市场份额"北高南低"的现状,将全国市场划分为三类区域:一是"市场主导区"(如甘肃、新疆等地),以稳定资源供应、巩固市场主导地位为重点;二是"充分竞争区"(如四川、云南等地),以差异化竞争策略维持市场份额;三是"份额提升区"(如重庆、贵州等地),聚焦增量开发,重点挖掘市场潜力,提升区域份额。在营销策略上,结合航煤产能分布及运输通道布局,围绕市场份额提升、产能充分发挥与整体物流优化的核心目标,开展三大重点工作:一是保障属地机场供需平衡,确保重点市场资源优先配置;二是强化区内市场的充分供应,优化区域内物流调配,提高市场覆盖率;三是探索区外市场延伸,积极开拓新市场,为业务增长注入新动能。

(4)非油业务的发展需要明确高质量方向,以市场为导向、客户为中心、效益为目标,推动业务多元化,全面提升业务规模与质量,实现高效协同与持续增长。在便利店业务方面,致力于持续做大做强,通过分层推进城市站、高速站、乡村站的差异化发展,充分满足不同区域客户的需求。强化昆仑好客运营体系,完善商品全生命周期管理与运营督导辅导联动机制,不断优化商品开发、运营、采购与仓储配送的全套流程,打造以消费者为中心的全链条业务体系,提升便利店的核心竞争力。在线上业务领域,构建"1+1+N"渠道体系,打造一站式"人·车·生活"服务生态圈。以零售会员体系为核心,通过整合线上非油业务渠道,为加油站客户、石油员工及其家庭,以及头部电商平台的公域客户,提供全渠道商品配送服务,包括到车、自提或到家,满足客户多元化、个性化的消费需求。在大客户业务发展上,注重规范化和突破性,强化"昆仑好客+省区销售公司"联动,借助昆仑好客品牌影响力与省区公司本土化定制服务能力,拓展企业与个人大客户新业务领域,为客户提供全面的销售服务解决方案,提升客户黏性与业务贡献度。此外,在汽车服务业务方面,积极拓展洗车、整车销售及后市场服务,打造综合服务平台,满足客户多样化的用车需求,进一步丰富非油业务生态,为整体业务发展注入新动能。通过强化多元业务协同与创新,非油业务将构建更为完善的服务体系,全面提升核心竞争力,实现高质量发展。聚焦优化集中采购和自有品牌商品发展,按照"品牌聚焦、强化管理、动态优化"原则,结合运营实际和数据分析,合理设置集采范围,到2030年扩展至涉及排名前9大类,集采比例达到75%。符合非油业务战略产品范畴、合作方愿意投入巨额资源共同推广的,在昆仑好客渠道具备了较大规模后,再采取定制开发的方式探索自有商品合作。符合非油战略产品范畴,市场容量大或发展潜力大的资源性产品,考虑从源头控制。完善布局餐饮、进出口等其他业务,加强合资合作。建设以肯德基、麦当劳等西式头部连锁快餐,以及以中式早餐、简餐、小吃相结合的餐饮业务服务体系,实践创新全球直采、跨境电商等模式。拓展广告业务、住宿服务、资产租赁、代收代缴、旅游服务等生态圈建设其他业务，探索纵向一体化创新商业模式。

第二节
油气氢电非综合能源服务的内涵与外延

考虑到销售企业的主要业务范围在中国境内，"一流"属性判断主要是在国内行业领头，体现在国内车用能源终端服务的综合竞争实力、创新能力、经营管理可持续发展能力以及承担履行社会责任能力；同时，"中国石油""昆仑好客"等品牌影响力代表了中国石油产业链的整体竞争能力，具备良好的国际影响力。基于以上考虑，销售企业创建一流企业的主要目标界定为"国际知名，国内一流"。

"国际知名"意味着该实体在国际舞台上享有较高的知名度和影响力。"国际知名"企业在相关的国际排名或评估体系中，能够跻身前列；同时国际合作与交流频繁，与国际同行业开展交流，展现影响力；且在国际声誉良好，享有良好的口碑和信誉，其产品和服务得到国际市场的广泛认可和欢迎。"国内一流"则强调该实体在国内同行业中处于领先地位。具体包括：行业领导地位：企业在国内同行业中的市场地位，包括市场份额、品牌影响力和行业标准制定的参与度；财务表现：企业的财务健康状况，包括营收、利润、资产负债结构和投资回报率等；创新和研发：企业在国内的技术创新和研发投入，以及其专利和新技术的国内影响力；社会责任：企业在环境保护、社会公益和公共利益等方面的贡献和表现；治理结构：企业的管理水平、内部控制、透明度以及是否符合国内通行的治理规则和标准。

一、油气

（一）油品服务的内涵与外延

油品服务主要指加油站成品油零售服务，以确保终端用户能够便捷、安全、高效地获取并使用油品；油品服务的外延包括汽油和柴油两种成品油的零售，其中汽油包括98#、95#、92#及相应的乙醇汽油；柴油包括不同凝点的车用柴油（35#、0#等）和普通柴油。

（二）天然气服务的内涵与外延

天然气服务主要指为使用天然气为燃料的车辆提供天然气零售加注的服

务；天然气服务的外延包括 LNG（液化天然气）和 CNG（压缩天然气）加气站提供的加注服务。

二、氢电

（一）氢能源服务的内涵与外延

氢能源服务主要指为使用氢气作为能源的车辆提供氢气加注的服务；氢能源服务的外延包括氢燃料电池汽车加氢服务。

（二）充换电服务的内涵与外延

充换电服务的内涵是指为电动汽车提供能量补充的综合服务体系，旨在满足电动汽车用户的能源需求，维护车辆持续运行的能力；充换电服务的外延包括储能、充电、放电、换电、电池检测、设施维护、预约服务等。

三、非油

非油业务的内涵指经营汽油、柴油等成品油以外的业务；非油业务的外延包括加油站便利店业务、汽车综合服务、农村化肥农资业务、站内餐饮业务、线上销售业务、汽车金融保险业务等。

四、总结

油气氢电非综合能源服务是一种满足终端客户多元化能源消费的新型能源服务方式，有别于传统单一型、以供给为中心的能源服务，综合能源服务以复合多元为特点、综合能源站为载体，力图实现供需匹配、多能互补和能源的梯级利用。

第三节
要求与原则

一、指导思想

以习近平新时代中国特色社会主义思想为指导，立足新发展阶段，完整准确全面贯彻新发展理念，服务和融入新发展格局，突出转型升级、绿色低碳，坚持市场导向、客户至上，加快建设现代市场营销体系，深化线上线下一体化营销，实现"油气氢电非"多业务协同发展，通过梯度培养、政策扶持和精准服务，推动销售业务高质量发展再上新台阶，实现质量更好、效益更高、竞争力更强、影响力更大的发展。

二、创建标准

承接集团公司创建世界一流企业标准，围绕"油气氢电非"业务，明确创建"国际知名、国内一流"企业五项标准。

供给高效：一流的能源高效供给能力。始终保持国内成品油供应主体地位，抢抓窗口期发展车用终端加气业务，加快拓展电氢业务，跨越式发展综合服务能源服务站，在产销协同、能源供应、网点建设等指标上达到"国际知名、国内一流"水平。

产品卓越：一流的企业营销服务体系。建成服务精益化、运营平台化、物流专业化的营销体系，优化产品服务矩阵，聚焦优质优价，在"五个"主业的市场份额、产品能力、服务水平等指标上达到"国际知名、国内一流"水平。

品牌卓著：一流的品牌影响力和社会美誉度。打造卓越的油气电氢综合能源服务和"昆仑好客"非油商品服务的品牌影响力，形成优秀的企业文化、一流的ESG业绩，在顾客信赖、品牌影响、企业形象等指标上达到"国际知名、国内一流"水平。

创新领先：一流的创新体系和创新能力。管理创新活力充分释放，数字化智能化发展能力优异，商业模式迭代引领能力突出，在相关领域科技成果数量质量、新产品新服务供给、市场营销模式创新、数字化智能化转型等指标上达到"国际知名、国内一流"水平。

治理现代：一流的治理体系和治理能力。建成职责清晰、责权对等、运营高效，充分调动各层面积极性主动性的销售体制机制，打造卓越的经营管理能力，在盈利能力、经营业绩、运营管理、人才建设、公司治理、风险管理等指标上达到"国际知名、国内一流"水平。

三、工作原则

坚持党的领导。把坚持和加强党的领导贯穿一流企业创建始终，充分发挥公司党委"把方向、管大局、保落实"作用，坚定维护党中央权威和集中统一领导，落实"两个一以贯之"要求，推动党中央建设一流企业部署、中国石油党组打造基业长青世界一流企业目标要求，在销售企业落实落地，切实把党建优势转化为发展优势、竞争优势，为创一流企业提供坚强政治保证。

坚持市场导向。遵循市场经济发展规律和能源行业变革趋势，紧扣需求升级、技术革新，加快经营转型、业务迭代，坚持"市场导向、客户至上、以销定产、以产促销、一体协同、竞合共赢"的营销工作方针和"六个坚持"基本遵循，依托产业链一体化运作优势，提升市场占有、做到量效兼顾，提升整体市场竞争力。

坚持改革创新。坚持立足当前、适度超前，坚定市场化改革方向，激活内生动力活力，加快精益营销创新、新能源技术应用、新商业模式变革，推进数字化转型、智能化发展、线上线下一体化营销，努力推动观念转变、理念创新、机制创新、实践创新、文化创新。

坚持依法合规。聚焦建设法治企业、百年企业目标，做好市场竞争风险、经营风险、法律风险、安全风险、环保风险等防控工作，深化治理现代、经营合规、管理规范、诚信守法的法治企业建设，为创一流提供稳健有力的内外部环境保障。

坚持系统观念。统筹考虑传统能源与新能源业务、能源供给与非油品发展，坚持目标导向、问题导向、结果导向，按照指标有先有后的节奏，地区公司发展有快有慢的实际循序渐进，把握好发展和安全、全局和局部的关系，加强对创一流企业的全局性谋划、战略性布局、整体性推进。

四、应用场景

本指标体系的建立，主要应用于三个方面（图3-1）。

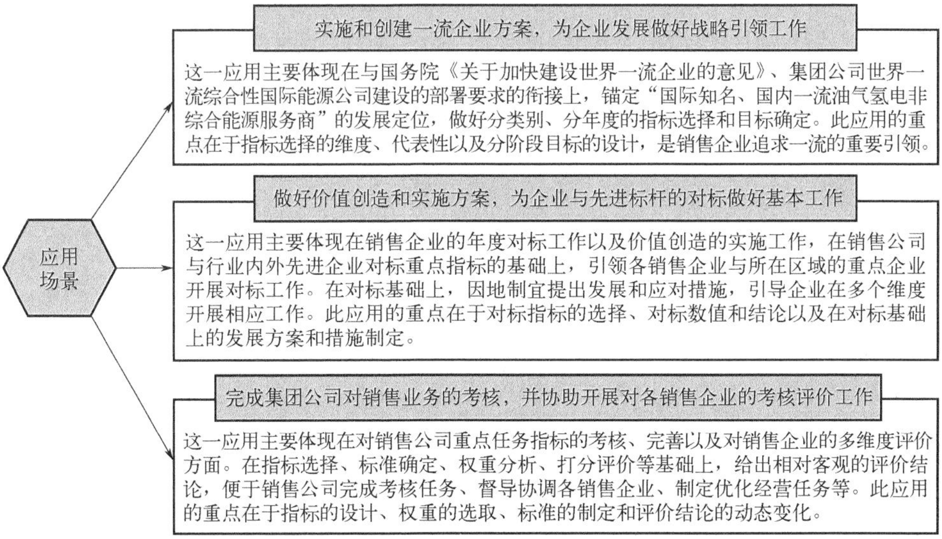

```
应用场景
├─ 实施和创建一流企业方案，为企业发展做好战略引领工作
│   这一应用主要体现在与国务院《关于加快建设世界一流企业的意见》、集团公司世界一流综合性国际能源公司建设的部署要求的衔接上，锚定"国际知名、国内一流油气氢电非综合能源服务商"的发展定位，做好分类别、分年度的指标选择和目标确定。此应用的重点在于指标选择的维度、代表性以及分阶段目标的设计，是销售企业追求一流的重要引领。
├─ 做好价值创造和实施方案，为企业与先进标杆的对标做好基本工作
│   这一应用主要体现在销售企业的年度对标工作以及价值创造的实施工作，在销售公司与行业内外先进企业对标重点指标的基础上，引领各销售企业与所在区域的重点企业开展对标工作。在对标基础上，因地制宜提出发展和应对措施，引导企业在多个维度开展相应工作。此应用的重点在于对标指标的选择、对标数值和结论以及在对标基础上的发展方案和措施制定。
└─ 完成集团公司对销售业务的考核，并协助开展对各销售企业的考核评价工作
    这一应用主要体现在对销售公司重点任务指标的考核、完善以及对销售企业的多维度评价方面。在指标选择、标准确定、权重分析、打分评价等基础上，给出相对客观的评价结论，便于销售公司完成考核任务、督导协调各销售企业、制定优化经营任务等。此应用的重点在于指标的设计、权重的选取、标准的制定和评价结论的动态变化。
```

图3-1 指标体系应用场景

一是实施和创建一流企业方案，为企业发展做好战略引领工作。这一应用主要体现在与国务院《关于加快建设世界一流企业的意见》、集团公司世界一流综合性国际能源公司建设的部署要求的衔接上，锚定"国际知名、国内一流油气氢电非综合能源服务商"的发展定位，做好分类别、分年度的指标选择和目标确定。此应用的重点在于指标选择的维度、代表性以及分阶段目标的设计，是销售企业追求一流的重要引领。

二是做好价值创造和实施方案，为企业与先进标杆的对标做好基本工作。这一应用主要体现在销售企业的年度对标工作以及价值创造的实施工作，在销售公司与行业内外先进企业对标重点指标的基础上，引领各销售企业与所在区域的重点企业开展对标工作。在对标的基础上，因地制宜提出发展和应对措施，引导企业在多个维度开展相应工作。此应用的重点在于对标指标的选择、对标数值和结论以及在对标基础上的发展方案和措施制定。

三是完成集团公司对销售业务的考核，并协助开展对各销售企业的考核评价工作。这一应用主要体现在对销售公司重点任务指标的考核、完善以及对销售企业的多维度评价方面。在指标选择、标准确定、权重分析、打分评价等基础上，给出相对客观的评价结论，便于销售公司完成考核任务、督导协调各销售企业、制定优化经营任务等。此应用的重点在于指标的设计、权重的选取、标准的制定和评价结论的动态变化。

三个应用场景中，战略引领场景涉及的指标是指标体系的核心，是销售公司承接集团公司指标体系重要载体，也是未来销售业务发展的重要指引。

对标价值与价值创造场景、考核评价场景是战略引领的具体的落地场景，是将核心指标进一步细化并应用于销售公司、销售企业两个层级的具体工作，其指标构成考虑实际情况与战略引领指标存在差异。

第四节 指标设计及说明

基于对世界一流企业打造指标体系的认识，本研究在指标设计方面的整体思路是：如图 3-2 所示，先结合销售业务全面工作情况，建立销售业务发展指标池；然后结合发展需求选取核心指标，形成"国际知名、国内一流"的油气氢电非综合能源服务商战略引领指标体系；同时，结合具体的价值创造行动需求和考核评价实际场景，对核心指标进行分解、增减，形成不同情境、不同应用方式下的实际指标体系。

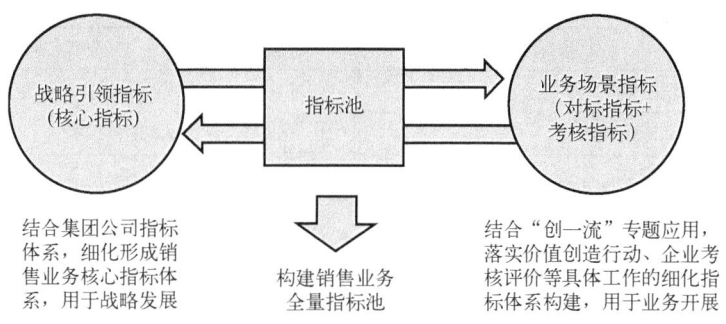

图 3-2　指标体系构建思路

一、指标池设计

指标池是指销售企业在建设"国际知名、国内一流"的油气氢电非综合能源服务商过程中可能涉及的全部指标。以中国石油对销售公司的 KPI 指标考核导向为出发点，紧密结合中国石油领导近年来重点关切的指标和领域，搭建更具时效的指标架构，充分考虑 2021 年销售公司第一届精益化管理研讨会议的对标成果，从市场、成本、管理和变革四个维度对所有可能涉及的指标进行汇总、聚类，将指标池扩充为 4 类共 165 项具体指标（表 3-2）。

表 3-2　销售企业建设"国际知名、国内一流"的油气氢电非综合能源服务商指标池

指标类型	指标名称	指标类型	指标名称
市场	成品油直炼交货计划完成率	市场	充换电站数量
	成品油销量		加氢站数量
	油（气）总销量		光伏站数量
	纯枪销量		新能源站数量份额
	纯枪销量占比		成品油库存量
	批直销量		油库份额
	直销配送比例		成品油市场占有率
	非油收入		成品油市场占有率增长率
	加油（加气）站数量		零售市场占有率
	控股加油站数量		零售市场占有率增长率
	全资加油站数量		汽油市场占有率增长率
	租赁加油站数量		高标号汽油（95 号及以上）占汽油零售比例
	加油站（气）份额		

续表

指标类型	指标名称	指标类型	指标名称
市场	市场份额	市场	批直重点终端客户销量增长率
	便利店数量占比		新投运站达销率
	营销策略		油库周转率
	汽柴比		非油库存周转率
	汽油价格到位率	成本	利润总额
	柴油价格到位率		剔除库存影响后利润总额
	卡销比		净利润
	零售吨油营销支出		EVA
	分吨级销量站点比例		EVA率（EVA/调整后资本）
	直批终端比例		ΔEVA（经济增加值同比）
	客存量		营业收入利润率
	销量客存比		营业现金比率
	非油重点商品能力指标		净资产收益率
	非油品业务贡献指标		资产负债率
	非油线上业务收入		带息负债比率
	非油毛利总额		投资资本回报率
	非油毛利率		流动比率
	吨油非油毛利		万元资产利润
	自有商品毛利贡献率		"两金"占收比
	客户分析		成本费用占比
	零售市场效率		综合所得税率
	直批市场效率		采购成本
	油品线上收入占比		库存成本
	成品油吨油收入		费用总额
	吨油非油收入		商流费总额
	纯枪吨油收入		自由现金流
	批直吨油收入		吨油商流费
	柴油吨油收入差		吨油营销成本
	汽油吨油收入差		纯枪吨油营销成本
	油非转化率		吨油租赁折旧费用
	单站日销量		吨油运费
	单店日均收入		全级次企业亏损面

续表

指标类型	指标名称	指标类型	指标名称
管理	单站投资	管理	数字化场景覆盖率
	吨油投资		线上注册客户数
	新开发及投运站点数量		汽油移动支付占比
	新能源战略		"三新"收入占比
	新能源开发及投运		公司科技与数智化研发投入规模
	分布式光伏发电站发展目标完成率		公司当年科技成果数量
	充换电站点发展目标完成率		公司当年优秀成果数量
	加油站运营时间		科技创新能力与管理评价
	运营率		发展能力综合评价结果
	新能源业务收入		客户回访满意度
	停业站数量		顾客满意度指数
	停业天数		客服中心建设
	物资采购		客户综合评价得分
	股权管理（2项）		亿次服务次数投诉数量
	损耗		神秘顾客访问得分
	销售油品质量合格率		"昆仑好客"品牌排名
	销售油品计量合格率		"昆仑好客"品牌价值增长率
	生产油品密度		年度业绩考核结果定级
	DPO资源流向兑现率		社会贡献能力
	加油卡风险防控	变革	全员劳动生产率
	法律纠纷管理（6项）		人均利润
	安全生产（3项）		全口径人均纯枪量
	环境保护（碳排放、污染物排放）		全口径人均非油店销收入
	体系审核量化得分		人工成本利润率
	应急管理体系		全口径人事费用率
	合规管理（2项）		全口径人均人工成本
	销售企业发展能力评价指数（治理体系治理能力现代化水平）		纯枪吨油人工成本
			管理层继任优良指数
	信息化建设		干部年轻化程度
	信息系统应用		党建工作评价
	信息系统运维		人力资源质量指数
	网点数字化自动采集率		人才队伍年龄结构优化度

续表

指标类型	指标名称	指标类型	指标名称
变革	机构压减比例	变革	管理人员退出比例
	库站外人员比例		全口径用工总量
	万吨纯枪机关用工数量		薪酬市场化水平
	日均十吨纯枪量用人		薪酬差异化系数
	月均万吨周转量用人		机关员工纯枪吨油工资
	管理人员契约化覆盖率		加油站员工纯枪吨油工资
	两级机关职数压减比例		

销售企业可根据不同的应用场景，在指标池中选择不同的指标进行组合应用。通过这一指标池，销售企业能够明确自身战略定位，促进全面对标与持续改进，强化精细化管理，推动创新与变革，并显著提升其综合服务能力，为销售企业向"国际知名、国内一流"目标迈进提供坚实支撑和科学指导。

二、核心指标体系构建

以习近平新时代中国特色社会主义思想为指导，结合中国石油建设世界一流企业指标体系、中国石油"十五五"成品油销售业务发展规划、销售公司"十五五"科技发展规划、非油业务中长期发展规划、新能源业务发展行动方案等多项指标进行筛选，明确确立了5个创建标准维度、13个方面能力指标类别、35项具体指标，构建形成"国际知名、国内一流"油气氢电非综合服务商指标体系（表3-3）。

表3-3 战略引领指标体系

指标维度	指标类别	指标名称	单位	2023年	2025年	2030年	2035年
供给高效	（一）能源供应	成品油直炼交货计划完成率	%				
		国内成品油自营销量	万吨				
		天然气销售量	万吨				
	（二）设施能力	运营加油站数量	座				
		充电枪数量	万把				
		LNG加气站数量	座				
		便利店数量	座				

续表

指标维度	指标类别	指标名称	单位	2023年	2025年	2030年	2035年
产品卓越	（三）营销服务能力	国内成品油市场占有率	%				
		航煤市场占有率	%				
		昆仑网电平台总用户数量	万个				
		高标号汽油（95#及以上）占汽油零售比例	%				
	（四）非油发展水平	集采规模增速	%				
		自有商品收入增速	%				
		非油利润	亿元				
品牌卓著	（五）品牌影响力	客户回访满意度	%				
		"昆仑好客"品牌价值增长率	%				
创新领先	（六）创新要素	公司科技与数智化研发投入规模	万元				
	（七）创新产出	公司当年科技成果数量（每年新增申请及授权的专利、软著数量）	项				
		公司当年优秀成果数量（获得政府、集团公司、销售公司评定的优秀科技与数智化成果数量）	项				
	（八）数字化转型	线上注册客户数	亿人				
		数字化场景覆盖率	%				
		网点数字化自动采集率	%				
治理现代	（九）盈利能力	利润总额	亿元				
		非油利润	亿元				
		净利润	亿元				
		净资产收益率	%				
		EVA率（EVA/调整后资本）	%				
		营业现金比率	%				

续表

指标维度	指标类别	指标名称	单位	2023年	2025年	2030年	2035年
治理现代	（十）运营管理能力	全员劳动生产率	万元				
		油库周转次数	次				
		吨油营销成本	元/吨				
		全级次企业亏损面	%				
	（十一）人才建设	人力资源质量指数	分值				
	（十二）公司治理水平	地区公司发展能力评价指数（治理体系治理能力现代化水平）	分值				
	（十三）风险管理能力	资产负债率	%				
		较大及以上生产安全事故，较大及以上质量计量责任事故，较大及以上环境责任事件	起				

（一）供给高效方面

供给高效方面主要包括 2 个类别，7 项指标，分别为：成品油直炼交货计划完成率、国内成品油自营销量、天然气销售量、运营加油站数量、充电枪数量、LNG 加气站数量、便利店数量。

（1）成品油直炼交货计划完成率：成品油直炼实际交货量与质量计划量的比值。计算方法：成品油直炼交货计划完成率=当年实际交货量/当年质量计划量，单位%。

（2）国内成品油自营销量：当年国内汽油、柴油、煤油自营销售总量，单位万吨。

（3）天然气销售量：当年销售公司渠道售出的国内天然气总量，单位万吨。

（4）运营加油站数量：报告期内所属全资、控股、租赁、参股的加油站数量。

（5）充电枪数量：累计运营充电枪数量。

（6）LNG 加气站数量：报告期内所属全资、控股、租赁、参股、特许LNG 加气站数量。

（7）便利店数量：正常开展非油业务的昆仑好客门店，包括站内店、站外店。

（二）产品卓越方面

产品卓越方面主要包括2个类别，6项指标，分别为：国内成品油市场占有率、航煤市场占有率、昆仑网电平台总用户数量、高标号汽油（95号及以上）占汽油零售比例、集采规模增速、自有商品收入增速。

1. 国内成品油市场占有率

定义：在国内销售的自营成品油销量占国内市场成品油表观消费量的比例。

计算方法：国内成品油市场占有率＝国内成品油销量/国内市场表观需求，单位%。

2. 航煤市场占有率

定义：当年航煤销量占航煤表观消费量的比例。

计算方法：航煤市场占有率＝当年航煤销量/国内航煤市场表观消费量（发改委口径，中航油数据为主），单位%。

3. 昆仑网电平台总用户数量

定义：当年昆仑网电平台累计注册用户数量。

4. 高标号汽油（95号及以上）占汽油零售比例

定义：零售环节高标号汽油（95号以上，当前为95号和98号汽油）占总体汽油零售销量的比例。

计算方法：高标号汽油占汽油零售比例＝高标号汽油纯枪销量/汽油纯枪总销量，单位%。

5. 集采规模增速

定义：非油集采规模收入年度同比。

计算方法：集采规模增速＝当年集采规模收入/去年集采规模收入－1，单位%。

6. 自有商品收入增速

定义：自有商品销售收入年度同比。

计算方法：自有商品收入增速＝当年自有商品收入/去年自有商品收入－1，单位%。

（三）品牌卓著方面

品牌卓著方面主要包括1个类别，2项指标，分别为：客户回访满意度、

"昆仑好客"品牌价值增长率。

1. 客户回访满意度

定义：956100投诉客户回访满意度。

计算方法：投诉客户回访满意率=回访满意量(一般+满意+非常满意)/成功回访电话总量×100%。

2. "昆仑好客"品牌价值增长率

定义："昆仑好客"品牌价值较去年的增长率。

计算方法："昆仑好客"品牌价值增长率=(本年品牌价值-去年品牌价值)/去年品牌价值。

(四) 创新领先方面

创新领先方面主要包括3个类别，6项指标，分别为：公司科技与数智化研发投入规模、公司当年科技成果数量（每年新增申请及授权的专利、软著数量）、公司当年优秀成果数量（获得政府、集团公司、销售公司评定的优秀科技与数智化成果数量）、线上注册客户数、数字化场景覆盖率、网点数字化自动采集率。

1. 公司科技与数智化研发投入规模

定义：指用于预研性前期研究项目、生产技术攻关与现场试验项目、生产应用技术项目、新技术推广项目的科技研发投入，以及数字化转型，信息化技术创新研究等方面的数智化研发投入。

计算方法：从财务系统进行取数，并手工核对。

2. 公司当年科技成果数量

定义：报告期内新增申请及授权的专利、软著的个数。

计算方法：从集团公司知识产权平台取数，地区销售公司补充核对后确认。

3. 公司当年优秀成果数量

定义：获得政府、中国石油、销售公司评定的优秀科技与数智化成果数量。

计算方法：地区公司日常备案，手工核对统计。

4. 线上注册客户数

定义：报告期内中国石油线上注册客户总人数。

5. 数字化场景覆盖率

定义：按照集团公司数字化转型建设指南要求，计算信息系统三级业务切片数，占成品油销售领域总体业务切片的比率。

计算方法：当年信息系统覆盖数字化业务切片数量/成品油销售总体业务切片数量。

6. 网点数字化自动采集率

定义：信息系统可直接采集的，与生产经营相关的核心自动化系统自动采集率。

计算方法：已集成核心自动化系统/核心自动化系统总数。

（五）治理现代方面

治理现代方面主要包括 5 个类别，14 项指标，分别为：利润总额、非油毛利总额、净利润、净资产收益率、EVA 率（EVA/调整后资本）、营业现金比率、全员劳动生产率、油库周转次数、吨油营销成本、全级次企业亏损面、人力资源质量指数、地区公司发展能力评价指数（治理体系治理能力现代化水平）、资产负债率、较大及以上生产安全事故，较大及以上质量计量责任事故，较大及以上环境责任事件。

1. 利润总额

定义：报告期内企业通过生产经营活动所实现的最终财务成果。

计算方法：利润总额=营业利润+营业外收入-营业外支出，单位亿元。

2. 非油利润

定义：报告期内对外销售非油商品和非油服务获得的所有利润。

计算方法：非油利润=非油收入-非油成本-非油费用，单位亿元。

3. 净利润

定义：报告期内企业在利润总额中按规定缴纳了所得税后的利润留存。

计算方法：净利润=主油毛利-费用+非油利润+投资收益-税金及附加+营业收支净额-所得税，单位亿元。

4. 净资产收益率

定义：报告期内净利润与平均股东权益的百分比。

计算方法：净资产收益率=净利润/[（期初净资产合计+期末净资产合计）/2]×100%，单位%。

5. EVA 率（EVA/调整后资本）

定义：报告期内经济增加值占调整后资本的比例。

计算方法：经济增加值率=(税后净营业利润-平均资本占用×加权平均资

本成本)/调整后资本,单位%。

6. 营业现金比率

定义:报告期内企业经营现金净流入和营业收入的比值。

计算方法:营业收入现金比率=经营活动现金流量净额/营业收入,单位%。

7. 全员劳动生产率

定义:报告期内企业员工的劳动生产能力。

计算方法:全员劳动生产率=(劳动者报酬+固定资产折旧+生产税净额+营业盈余)/平均从业人数,单位万元。

生产税净额=税费总额-财政补贴。

营业盈余=营业利润+补贴收入。

劳动者报酬=支付给员工的薪酬、保险、公积金、福利费(含外包)。

8. 油库周转次数

定义:油库周转量与在用安全库容的比值。

计算方法:周转次数(次)=油库周转量(万吨)/(油库库容×0.67),单位万吨。

备注:库容取在用库容,剔除因安全原因停用罐容、停业检维修罐容、暂未启用及股东方使用罐容。

9. 吨油营销成本

定义:平均每吨油在销售过程中的费用支出。

计算方法:吨油营销成本=(费用总额-财务费用)/总销量,单位元/吨。

10. 全级次企业亏损面

定义:报告期内出现亏损的企业数占全部企业数的比例。

计算方法:全级次企业亏损面=全级次亏损企业数量/全级次企业总数。

11. 人力资源质量指数

定义:企业员工学历、职称及技能水平情况。

计算方法:人力资源质量指数=[∑(各类学历人员数量×相应系数)+∑(各类职称和技能等级人员数量×相应系数)]÷统计人次。

(1)学历系数:博研2.4,硕研2.1,本科1.8,大专(高职)1.7,中专、高中(技校)及以下1。

(2)职称(技能等级)系数:副高级(高级技师)2.9,中级(技师)2.3,助理(高级工)1.9,中级工1.3,初级工1。

12. 地区公司发展能力评价指数（治理体系治理能力现代化水平）

定义：以盈利能力、竞争能力和可持续能力三个评价维度为核心，综合评价企业发展质量和管理水平。

计算方法：各销售企业评价得分之和/销售企业数量。

13. 资产负债率

定义：报告期期末总负债与期末总资产的比值。

计算方法：资产负债率=期末总负债/期末总资产，单位%。

14. 较大及以上生产安全事故，较大及以上质量计量责任事故，较大及以上环境责任事件

定义：报告期内发生较大及以上生产安全事故，较大及以上质量计量责任事故，较大及以上环境责任事件的个数。

计算方法：《中国石油天然气集团有限公司生产安全事故管理办法》《中国石油天然气集团有限公司质量事故事件管理办法》。

三、对标与价值创造指标体系

对标对象的选择：按照"国际知名、国内一流"的油气氢电非综合能源服务商建设目标，中国石油销售业务综合对标对象一般是中国石化销售业务；同时，在具体的能源赛道中，根据实际情况和数据可得、操作可行等原则可进行分业务的先进主体对标。在实际工作开展中，根据当年情况进行对标对象选择并开展对标与价值创造指标体系构建。

以销售公司为主体开展对标与价值创造指标体系的构建，销售企业相关指标体系可以依据实际情况进行选择开展。

（一）油气对标

按照业务领先（对标公司在行业处于领先地位）、目标可达（对标公司同销售公司发展方向一致）、数据可比可获（对标公司与销售公司在统计口径、运营环境等方面不存在显著差异，数据基本能够获取）三项基本原则，选取中石化销售公司作为对标对象。

（二）氢能源对标

截至2023年底，中国加氢站运营的企业包括中国石化销售股份有限公司（简称"中国石化"）、上海氢枫能源技术有限公司（简称"氢枫能源"）、山西美锦能源股份有限公司（简称"美锦能源"）。按照业务领先、数据可比可获的基本原则，选取中国石化销售股份有限公司作为氢能源发展的主要对标对象。

中国石化以国家氢能交通大动脉为基础，着力打造 7 个氢走廊重点区域，依托高速公路建设加氢干线，加氢量市场份额约为 40%，是全国氢气零售销量最大的企业。截至 2023 年末，中国石化已累计建成加氢站 128 座，成为全球建设和运营加氢站最多的企业。

氢枫能源成立于 2016 年，是国内领先的氢能综合解决方案提供商，提供加氢站定制设计、安装、运营及设备供应服务。截至 2023 年末，公司在国内已落地 90 多座加氢站，东南亚地区也有加氢站在陆续运营中，市场占有率行业领先。

美锦能源是全国较大的独立商品焦生产企业，于 2017 年启动氢能产业布局，依托自有的焦化丰富的尾气资源制氢，并开展加氢站建设和园区建设。截至 2023 年末，公司已在全国运营加氢站 20 座，另有近 15 座在建。

（三）充换电对标

1. 充电对标

截至 2024 年 5 月，中国充电站运营的企业包括特来电新能源股份有限公司（简称"特来电"）、万帮星星充电科技有限公司（简称"星星充电"）、江苏云快充新能源科技有限公司（简称"云快充"）等，市场份额分别为 18.91%、17.86%、17.04%。按照业务领先、数据可比可获的基本原则，选取特来电、星星充电、云快充公司作为充电站发展的主要对标对象。

特来电成立于 2014 年，目前拥有群充产品、小功率产品、自动充电产品、单桩产品等多个新能源充电产品系列。公司与宝马、上汽通用、极氪、保时捷等 70 余家车企及生态伙伴展开合作，涵盖小区驻地、城市商圈、园区、高速公路服务区等场景，已成为中国最大规模的充电桩运营终端。2023 年，特来电实现营业收入 60.34 亿元，净利润 1.72 亿元。截至 2024 年 5 月，特来电拥有充电站 3.88 万座、公共充电桩 57.68 万台。

星星充电成立于 2014 年，专注于新能源汽车充电设备研发制造，在大功率充电技术、智能运维平台等方面优势显著。星星充电曾获国家能源局"能源互联网重大应用示范"项目等多个国际级项目，入选国家级示范平台，是充电领域的国标制定单位。截至 2024 年 5 月，星星充电拥有充电站 2.54 万座、公共充电桩 54.47 万台。

云快充成立于 2016 年，是为充电桩运营商、生产商和充电用户提供云端共享平台的第三方充电物联网公司。公司携手全国 380 多座城市的超 25000 家充电站运营商，共同构建全面开放的新质充电云生态。截至 2024 年 5 月，云快充拥有充电站 3.00 万座、公共充电桩 51.98 万台。

2. 换电对标

截至 2024 年 5 月，中国换电站运营的企业包括上海蔚来汽车有限公司（简称"蔚来"）、奥动新能源汽车科技有限公司（简称"奥动"）等，市场份额分别为 64.92%、18.85%。按照业务领先、数据可比可获的基本原则，选取蔚来、奥动作为换电站发展的主要对标对象。

蔚来成立于 2014 年，主要负责高端智能电动汽车的设计、开发、制造和销售。2018 年蔚来首座换电站在深圳落地，为蔚来及合作品牌提供电池包更换和电池全生命周期管理等服务。截至 2024 年 5 月，全国换电站保有量为 3751 座，其中蔚来拥有换电站 2435 座，处于绝对的领先地位。

奥动于 2000 年起开始探索换电业务，目前已形成换电核心技术研发、换电站商业化运营、电池全生命周期管理等多位一体的换电商业闭环。自 2021 年起，奥动携手能源巨头、地方城投、交运企业、汽车经销商等合作伙伴，加速出租车、网约车、公务车等换电应用实践。截至 2024 年 5 月，奥动已投建换电站共 800 座（含在建），其中已建成换电站 707 座。

（四）非油对标

截至 2023 年末，中国便利店连锁运营的企业包括美宜佳控股有限公司（简称"美宜佳"）、中石化易捷销售有限公司（简称"易捷"）、罗森投资有限公司（简称"罗森"）、山西省太原唐久超市有限公司（简称"唐久便利"）等。

美宜佳创立于 1997 年，20 多年来美宜佳以好物产品研发为核心，为消费者提供优质商品与便民服务。2023 年美宜佳销售额达到 541.9 亿元，全国门店数量增至 33848 家，目前已成为中国门店数量最多的便利店，月均服务顾客超 2 亿人次。

易捷是中国石化非油品业务的服务品牌和运营主体，自 2008 年创建品牌以来，易捷全力打造"人·车·生活"综合服务生态圈。截至 2023 年末，易捷全国门店数量达到 28633 家，全渠道线上用户超过 3 亿人。2024 年，中石化易捷品牌价值达到 217.45 亿元，位于零售业品牌榜首。

罗森于 1996 年在上海开出第一家门店，是最早进入中国的日资便利店。罗森致力于打造"千店千面"，进行细分化和差异化的供应链布局，同时注重线上线下融合的发展模式，为消费者提供更加便捷、高效的购物体验。2023 年中国罗森的营业额超过 142 亿元，同比增长 124%。截至 2023 年末，罗森全国门店数量达到 6330 家，位列中国便利店市场第五名，且为外资品牌第一名。

唐久便利始创于 1996 年，初期为山西本土便利店品牌，随着其物流体系的不断完善，唐久便利开始向外拓展。截至 2023 年末，公司在全国范围内拥有 2258 家门店，分布在山西、陕西、河南、海南、河北等省份，门店员工总数 11000 人，年销售额超过 50 亿元。

考虑到成品油零售行业与便利店结合的方式，本研究建议选取中石化易捷销售有限公司作为对标对象。美宜佳、罗森、唐久等企业的发展可以作为参考。

（五）应用举例

对标与价值创造指标是指标体系的进一步细化，相当于对一流企业建设指标的年度任务总结工作。在具体的指标选用中，会对原有的指标体系做一定的更改和修正。

在具体的指标选用中，需根据对标主体以及业务对原有的指标体系做一定的更改和修正以形成精确有效的对标结果。可参考的价值创造对标行动思路如下：

第一，根据形成的战略引领指标体系总表，结合业务特点与公司现状从 5 个指标维度、15 个方面指标类别中选择出可操作、有意义的具体指标，形成此次对标所用的评价指标表。

第二，根据业务与行业情况选择业务可比、行业前沿的对标对象。

第三，根据形成的评价指标表将本公司当年的各项指标情况与对标对象的指标情况进行横向比较，判断公司发展的优势与劣势，以及在行业中的水准。

第四，根据形成的评价指标表将本公司当年的各项指标情况与本公司近十年的指标情况进行纵向比较，总结公司的发展趋势与较过去的优劣势，并对未来发展进行预测。

例如，2023 年的对标指标体系中，在全面承接集团公司价值创造行动规定指标的基础上，结合销售企业实际选取个性指标，构建涵盖资源价值、经营价值、创新价值、治理价值、长期价值、社会价值等六类价值的对标指标体系，其中与中石化横向对标指标 18 项（表 3-4），与自身纵向对标指标 22 项（表 3-5）。

表 3-4 "国际知名、国内一流"油气氢电非综合能源服务商横向对标指标体系

序号	指标类型	指标名称	单位
1	资源价值	自营加油站数量	座
2		成品油销量	万吨
3		纯枪销量	万吨
4		批直销量	万吨
5		非油收入	亿元

续表

序号	指标类型	指标名称	单位
6	经营价值	利润总额	亿元
7	经营价值	成品油吨油收入	元
8	经营价值	纯枪吨油收入	元
9	经营价值	批直吨油收入	元
10	经营价值	汽油价格到位率	%
11	经营价值	柴油价格到位率	%
12	经营价值	非油毛利	亿元
13	创新价值	线上注册客户数	亿人
14	治理价值	费用总额	亿元
15	治理价值	吨油费用	元
16	治理价值	成品油库存量	万吨
17	长期价值	纯枪吨油营销成本	元
18	社会价值	"昆仑好客"品牌排名	名

表 3-5 "国际知名、国内一流"油气氢电非综合能源服务商纵向对标指标体系

序号	指标类型	指标名称	单位
1	资源价值	自营加油站数量	座
2	资源价值	充换电站数量	座
3	资源价值	加氢站数量	座
4	资源价值	光伏站数量	座
5	经营价值	利润总额	亿元
6	经营价值	净利润	亿元
7	经营价值	资产负债率	%
8	经营价值	净资产收益率	%
9	经营价值	EVA 率	%
10	经营价值	营业现金比率	%
11	创新价值	研发经费投入强度	%
12	创新价值	线上注册客户数	亿人
13	创新价值	网点数字化自动采集率	%
14	治理价值	全员劳动生产率	万元
15	治理价值	国内成品油市场占有率	%
16	治理价值	高标号汽油(95号及以上)占汽油零售比例	%
17	治理价值	非油收入	亿元
18	治理价值	非油毛利总额	亿元

续表

序号	指标类型	指标名称	单位
19	长期价值	全级次企业亏损面	%
20		吨油营销成本	元
21	社会价值	较大及以上质量事故、安全生产事故、环境污染和生态破坏事件数量	件
22		"昆仑好客"品牌排名	名

四、经营考核和评价指标体系

经营考核与评价指标同样也是战略指标体系中的应用，主要是在具体工作中设定的任务和考核目标，既是销售公司完成集团公司任务的主要依据，也是销售公司评价各销售企业的主要依据。该类指标的来源主要有两个方面：一是每年集团公司与销售公司及销售企业负责人签订的业绩合同；二是销售公司对各销售企业发展能力的评价指标和测算。该类型指标的特点是不同指标有相应的权重，可以进行横向和纵向对比考核评价。

（一）业绩合同指标应用

经营考核与评价指标是在具体工作中设定的任务和考核目标，既是销售公司完成集团公司任务的主要依据，也是销售公司评价各销售企业的主要依据。该类指标的来源主要有两个方面：一是每年集团公司与销售公司及销售企业负责人签订的业绩合同；二是销售公司对各销售企业发展能力的评价指标和测算。该类型指标的特点是不同指标有相应的权重，可以进行横向和纵向对比考核评价。这类指标体系是一流指标体系的具体和细化。

例如，2024年销售企业的业绩合同中，包括效益类、营运类、党建类三类一级指标。销售公司、销售企业的效益类指标包括净利润、经济增加值（EVA）、自由现金流、非游商品收益等；营运类指标包括直炼成品油交接货计划偏差率、成品油销量、新能源站投运数量、吨油营销成本、油库运营率、两金压控等；党建类指标包括党建工作评价、领导班子建设、人才强企工程等。昆仑好客公司效益类指标包括全系统非油毛利总额、全系统非油毛利率等；营运类指标包括全系统非油费用毛利率、油非转换率、对标缩差、两金压控等；党建类指标包括党建工作评价、领导班子建设、人才强企工程等。

销售公司、昆仑好客、销售企业、昆仑网电不同指标维度的权重存在差异。如销售公司效益类指标总权重为40%，其中净利润、经济增加值、自由现金流的权重分别为25%、10%、5%；东北销售分公司效益类指标总权重为

25%，其中净利润、经济增加值、自由现金流的权重分别为15%、5%、5%；昆仑好客公司效益类指标总权重为40%，其中全系统非油毛利总额、全系统非油毛利率权重分别为30%、10%；昆仑网电公司效益类指标总权重为30%，其中净利润、经济增加值、自建自营收入的权重分别为20%、5%、5%。

（二）企业发展能力评价应用

2022年销售公司提出了销售企业发展能力评价指标体系，目的是从不同维度对销售企业的发展能力进行标准化量化比较，以便各企业可以从不同维度把握自身的发展阶段，更好地开展经营工作。

综合评价指标体系包括资本盈利能力（权重22%）、转型发展能力（权重23%）、持续发展能力（权重28%）、企业运营能力（权重11%）、债务风险防控能力（权重6%）、绿色发展能力（权重7%）、社会贡献能力（权重3%）等7个一级指标35个二级指标，通过全量指标评价体系内部对标、发现不足、强弱项、补短板，促进销售企业高质量发展（表3-6）。

表3-6 销售企业发展能力综合评价全量指标体系

一级指标及权重	二级指标及权重	一级指标及权重	二级指标及权重
资本盈利能力（22%）	剔除库存影响后利润总额（10%）	持续发展能力（28%）	成品油配置计划执行率（3%）
	综合所得税率（2%）		柴油吨油收入差（4%）
	ΔEVA（经济增加值同比）（5%）		汽油吨油收入差（4%）
	ROE（净资产收益率）（5%）		油气总销量（3%）
转型发展能力（23%）	科技创新能力与管理评价（5%）		成品油市场占有率（1%）
	非油重点商品能力指标（2%）		成品油市场占有率增长率（1%）
	非油品业务贡献指标（8%）		零售市场占有率（2%）
	非油线上业务收入（2%）		零售市场占有率增长率（2%）
	非油费用毛利率（1%）		汽油市场占有率增长率（2%）
	油品线上收入占比（1%）		自营纯枪销量占比（2%）
	批直重点终端客户销量增长率（3%）		直销配送比例（1%）
	汽油移动支付占比（1%）		全员劳动生产率（3%）

续表

一级指标及权重	二级指标及权重	一级指标及权重	二级指标及权重
债务风险防控能力（6%）	资产负债率（3%）	绿色发展能力（7%）	"三新"收入占比（3%）
	带息负债比率（1%）		分布式光伏发电站发展目标完成率（2%）
	流动比率（2%）		充换电站点发展目标完成率（2%）
企业运营能力（11%）	"两金"占收比（1%）	社会贡献能力（3%）	社会贡献能力（3%）
	成本费用占收比（7%）	—	—
	自营吨油营销成本（2%）		
	客户满意度（1%）		

同时，销售企业发展能力综合评价指标体系，可以根据业务和考核需要调整指标组合和权重。以 2022 年实际完成数据测算，在全量指标体系基础上提取人事部业绩考核使用的 5 个核心指标构成核心指标评价体系，由资本盈利能力（权重 29%）、持续经营能力（其中油气总销量 20%、市场占有率 8%）、转型发展能力（非油业务贡献 23%）、财务风险能力（自营吨油营销成本 20%）构成。核心指标评价体系方便快速监测各销售企业业绩变化情况，有利于各销售企业通过核心指标评价体系明确定位（表 3-7）。

表 3-7　销售企业发展能力综合评价核心指标体系

一级指标及权重	二级指标及权重
资本盈利能力（29%）	剔除库存影响（29%）
持续发展能力（28%）	油气总销量（20%）
	市场占有率（8%）
转型发展能力（23%）	非油品业务贡献（23%）
财务风险能力（20%）	自营吨油营销成本（20%）

第四章 创建目标与任务措施

第一节 分阶段指标值设计

一、创建目标

按照集团公司"建设基业长青世界一流的综合性国际能源公司"愿景目标，销售企业建设"国际知名、国内一流"油气氢电非综合服务商总体遵循"两个阶段、各三步走"的战略路径，五年一大步，十五年一阶段，具体战略路径和分阶段目标如下。

到2025年，基本实现高质量发展，筑牢"国际知名、国内一流"油气氢电非综合服务商的根基。成品油市场份额提升，综合创效能力不断增强，非油业务实现突破；新能源业务取得阶段成果，全面进入氢电光伏业务领域；数字化营销达到国内一流水平；市场营销人才队伍和高技能人才队伍迅速壮大，初步解决人才短板问题；中国石油营销服务品牌受众认可度走在全国服务行业前列，昆仑好客品牌价值居于行业前列；销售企业治理体系和运营管理能力达到央企先进水平；法治企业、绿色企业、健康企业和平安企业建设取得明显进步；打造一批基本达到"国际知名、国内一流"的示范企业。

到2030年，高质量发展再上台阶，基本建成"国际知名、国内一流"油气氢电非综合服务商。成品油市场份额、净利润、非油业务收入持续提升；新能源业务体系基本建立，数字化成熟度达到国际先进水平；基本建成一流的市场营销人才队伍；中国石油营销服务品牌美誉度和昆仑好客品牌价值显著提升；基本实现销售企业治理体系和运营管理能力现代化；基本建成一流法治企业、绿色企业、健康企业和平安企业建设取得明显进步；50%地区销售公司率先建成"国际知名、国内一流"企业。

到 2035 年，建成"国际知名、国内一流"企业。成品油市场份额、净利润、非油业务收入持续增长；全面实现数字化转型，建成"数智销售企业"，形成世界能源销售行业一体化数字化覆盖规模最大，集中架构下"端到端"控制力最强的成品油销售信息化网络复合体；拥有一支一流的、全面配套各业务协调发展的市场营销与数字化能力复合型人才队伍；中国石油营销服务品牌美誉度和昆仑好客品牌影响力位居国内前列；实现销售企业治理体系和运营管理能力现代化；建成一流法治企业、绿色企业、健康企业和平安企业。

到 21 世纪中叶，全面建成"世界一流、国内领先"的综合能源服务企业。公司经营业绩、综合实力和综合竞争力达到世界一流，居于国内领先地位，油气氢电非各业务协调发展，油气传统业务、非油业务、新能源业务收入"三分天下"，全面实现绿色低碳转型，现代市场营销体系全面领先，智慧销售企业建设成为标杆示范，公司市场把控能力、客户服务能力、改革创新能力、资产创效能力、成本管控能力、风险防范能力、整体竞争能力全面加强，成为持续稳健高质量发展企业。

二、核心指标值确认

结合销售企业创建"国际知名、国内一流油气氢电非综合服务商"的发展定位，考虑能源转型、汽柴油消费达峰等情况，可以给出 2025 年、2030 年、2035 年核心指标体系的具体数据值，作为未来销售公司整体创建一流企业的奋斗目标。

（一）横向对标结果

中国石油销售分公司（以下简称销售分公司）从"资源价值、经营价值、创新价值、治理价值、长期价值、社会价值"6 个指标维度进行横向对标，具体见表 4-1。

表 4-1　2023 年中国石油销售分公司横向对标结果

指标类型	指标名称	单位	中石油	中石化	差值	差值百分比
资源价值	自营加油站数量	座				
	成品油销量	万吨				
	纯枪销量	万吨				
资源价值	批直销量	万吨				
	非油收入	亿元				

续表

指标类型	指标名称	单位	中石油	中石化	差值	差值百分比
经营价值	利润总额	亿元				
	成品油吨油收入	元				
	纯枪吨油收入	元				
	批直吨油收入	元				
	汽油价格到位率	%				
	柴油价格到位率	%				
	非油毛利	亿元				
创新价值	线上注册客户数	亿人				
治理价值	费用总额	亿元				
	吨油费用	元				
	成品油库存量	万吨				
长期价值	纯枪吨油营销成本	元				
社会价值	"昆仑好客"品牌排名	名				

（二）纵向对标情况

销售分公司从"资源价值、经营价值、创新价值、治理价值、长期价值、社会价值"6个指标维度进行纵向对标，2023年各指标对标结果具体见表4-2。

表4-2　2023年中国石油销售分公司纵向对标结果

指标类型	指标名称	单位	2019年	2020年	2021年	2022年	2023年	2023年同比增量	2023年同比增幅
资源价值	自营加油站数量	座							
	充换电站数量	座							
	加氢站数量	座							
	光伏站数量	座							
经营价值	利润总额	亿元							
	净利润	亿元							
	资产负债率	%							
	净资产收益率	%							
	EVA率	%							
	营业现金比率	%							

续表

指标类型	指标名称	单位	2019年	2020年	2021年	2022年	2023年	2023年同比增量	2023年同比增幅
创新价值	研发经费投入强度	%							
	线上注册客户数	亿人							
	网点数字化自动采集率	%							
治理价值	全员劳动生产率	万元							
	国内成品油市场占有率	%							
	高标号汽油（95#及以上）占汽油零售比例	%							
	非油收入	亿元							
	非油毛利总额	亿元							
长期价值	全级次企业亏损面	%							
	吨油营销成本	元							
社会价值	较大及以上质量事故、安全生产事故、环境污染和生态破坏事件数量	件							
	"昆仑好客"品牌排名	名							

（三）分析小结

从横向对标情况看，6方面18项指标中（以上数字省略），批直吨油收入、费用总额、纯枪吨油营销成本3项指标优于中石化，成品油吨油收入、纯枪吨油收入、汽油价格到位率、柴油价格到位率、吨油费用、"昆仑好客"品牌排名6项指标略低于中石化，其余9项指标与中石化仍有较大差距。从纵向对标情况看，6方面22项指标中，除自营加油站数量、研发经费投入强度、国内成品油市场占有率3项指标呈下降趋势，其余指标均呈上升或向好趋势。

上述差距和趋势的形成，主要有以下4个方面原因：一是从市场来看，石油坚持市场导向、打造现代市场营销体系、加快发展新能源业务等工作，还有较大提升空间。虽然税前利润与中石化差距较大，相对市场份额持续提高，但销量规模与中石化差距扩大，主要是汽油销量差距扩大，同时纯枪吨油收入比中石化低，反映出石油紧贴市场抓终端客户开发不够，纯枪销量增长动力不足，批零关系处理有待提升；非油与中石化差距虽为近五年较低水平，发展增速快于中石化，但线上业务发展不及预期，商品及品类管理偏弱，非油毛利率及自有商品运营不及中石化。石油营销促销灵活性、多样性、有效性需要提升。二是从成本来看，优化政策机制、推进精益管理还有差距，虽然商流费总额较中石化优势为十年最大，吨油费用较中石化差距为十年最小，但与中石化比仍然偏高。三是从管理来看，虽然依法合规治企力度不断加大，发展能力排名、卡微腐败治理、数质量专项整治、强管理专项行动效果不断显现，但管理领域风险漏洞依然较多，部分问题屡查屡犯、屡改屡犯的现象还没有杜绝。四是从变革来看，虽然信息化数字化建设、营销模式转型升级、改革新三年行动等加快推进，部分领域成效明显，但销售企业间推进不均衡，思想意识还需要进一步转变、变革动力需要进一步增强、变革步伐需要进一步加快。

第二节

任务与措施

一、保证更顺畅稳定的能源供给

（一）统筹存量与增量，持续抓好销售网络建设

紧盯各地区战略协议的落实，发挥集团公司整体优势，加强与地方政府、第三方经营单位等合作，加强资源中心、区内和优质潜力地区网络开发，采取合资合作等多种方式抢占优质站点。狠抓存量挖潜，加快拓展存量网点功能，以市场为导向建设油气混合站，坚持油气协同开发，一体化发展。持续深化双低站、关停站治理，油气业务与新能源业务、非油业务统筹，线上与线下兼顾、自营与出租结合，灵活方式推动复业、处置、扩销、增效、提率。强化运营天数管理，科学安排改造计划，最大限度减少停业对经营的影响。

（二）平衡两种资源两个市场，增强产业链整体保障能力

深度优化物流组织，用好DPO工具，强化"智慧供应链"建设，统筹油气氢电非等产品自有资源和外部资源、国内市场和国际市场、实体市场和虚拟市场，推动集团层面产炼销各环节储运设施及运输路径整体优化、油气氢电非全产品物流整体优化，产销储贸高效联动，成品油交接货计划执行率保持100%，产业链油气氢电非产品有力有效承接。加强批零统筹，立足网络、客户、品牌等立体化优势，加快建设"全会员、纯在线、大数据"零售运营体系；强化客户和商圈研究，推进客户忠诚度计划；依托直批APP，集成ERP、物流、CRM等系统，深化直销业务管控模式改革；探索平台化运营，推动盈利方式由单一"赚价差"向"赚价差和赚佣金"转变。

（三）强化企业职能定位，发挥产业链整体合力

大力加强市场研究能力建设，超前预判、精准把握新形势、新趋势、新特征，充分发挥市场指挥棒作用，为整体市场营销工作有效开展提供科学支撑；密切产销协同，及时向上游传递市场动态信息，为炼化企业调整产品数量、优化产品结构、把握生产节奏提供参考，产销联动共同应对市场竞争与波动；推动健全区域内兄弟企业协同机制，共同做好市场开拓、网络建设、政策争取、市场整治等工作。

二、提供更具竞争力的卓越产品和服务

（一）打好油气业务"阵地战"

坚定推进批零一体化营销，健全市场研究支撑体系，精准分析研判市场。紧贴市场细分区域策略，瞄准重点地区开拓市场，细分产品结构，以毛利最大化为方向，建立整体效益评价体系，实施线上线下一体、批发零售一体、油品天然气一体营销和差异化精准营销。加大汽油特别是高标号高毛利汽油产品销售力度，增强成品油业务盈利能力。抢抓窗口期，大力发展车用加气业务。拓展航煤销售市场，牢牢守住东北、西北和西南优势市场，全力开拓华北、沿海潜力市场。

（二）打好非油业务"进攻战"

深入推进店面优化升级，挖掘便利店增长潜力，提升运营质量效率。优化产品和服务体系，按照消费需求与便利店环境打造便利店消费场景，积极探索新零售，构建业态模式和生态圈，增强服务体验。搭建统一平台、专业运营、精准分析，推动非油业务全渠道运营，面向会员开展多方位跨界业务。加强新业务领域开发，打造新的收入增长点。围绕"人·车·生活"生态圈，优化布局和服务项目，打通流程，试点推进，促进现场各业务融合，提高运作水平，形成新的收入增长点。

（三）打好氢电业务"突击战"

把新能源业务作为公司未来发展的重要主攻方向，区分车电、加氢业务线，坚持"有所为有所不为"，调整优化投资方向，科学规划发展路径，依托重点项目，加快发展充电、有效发展换电、稳健发展加氢、规模发展光伏，在加氢、光伏发展路径日渐明晰的同时，积极探索充换电商业模式，年均投运综合能源站15座以上，推动传统能源业务与替代能源接续发展。

（四）打好服务提升"持久战"

以提供"超越预期的服务体验"为方向，抓好以客户为中心的延伸服务，建立完善应急服务机制，帮助客户解决更多难题，提供更多"雪中送炭"式的服务保障。打造服务平台。牢固树立服务创造价值的理念，围绕打造"人·车·生活"生态圈，精准挖掘客户需求，注重差异化服务和"一站式"服务，打造线上线下立体式服务平台，丰富加油站服务功能，提升服务质量。

三、打造更具改革创新的卓著品牌

（一）强化绿色低碳能源企业定位

密切跟踪氢能技术发展动态，加强与氢燃料制取、储运、加注等研发部门之间的交流，选择有实力、有经验的国内外研究机构或公司开展合作。与电动车行业领军企业（新能源车企、充换电设施运营商等）全面开展业务交流，研究探索资本合作。积极研究站库太阳能创新应用，探索利用光伏发电、供热等应用场景，研究试点"光储充"（光伏+储能+充电）一体化智慧充电站布局。择机介入新能源产业链其他环节，开展示范试点，为中长期规模发展打好基础。

（二）提升数字化智能化企业形象

完善数字化基础资源保障，推进系统集成重构，强化数据资产化管理和平台化应用，配套建设销售创新机制，全面提升信息化支撑能力和科技创新保障能力。深化销售信息系统应用，融合开展云端和边缘侧架构设计；完善销售信息系统架构和功能，打造面向内部用户的数字化销售业务运营与综合管理平台，面向客户的智能化营销与客户服务平台。强化科技创新布局和资金统筹，突出区域业务特色，瞄准新兴技术趋势和制约经营的主要瓶颈问题，加大技术研究，加强科技队伍建设、成果转化和展示交流平台建设，增强创新活力。

（三）擦亮负责任敢担当央企品牌

强化质量全流程管控，严把采购、运输、储存、接卸、销售等各环节的质量关。强化采购环节源头质量管控，坚决杜绝采购不合格油品；深入开展运输环节数质量受控专项行动，突出风险管控，狠抓承运商管理，全程监控行驶路线，加强运输在途质量管控；加强卸油操作监管，严格卸油操作密度比对，加强能源加注设施设备计量准确度管理；积极投身扶危济困、乡村振兴、抢险救灾等社会公益活动，积极主动承担企业社会责任；增强品牌意识，提高整合营销传播能力，主动回应市场关切，塑造良好形象，全力打造企业品牌。

四、推进更具生命力的现代治理

（一）发挥党建引领作用，为发展提供坚强保障

始终把学习贯彻习近平新时代中国特色社会主义思想、党的二十大及历次会议精神，作为重要政治任务抓紧抓实抓深，扎实推进党的政治建设、思想建设、组织建设、作风建设、纪律建设，注重基层党建"三基本"与"三基"工作有机融合，在破解难题、提质增效中充分发挥党委把关定向、党支部战斗堡垒和党员干部先锋模范作用。

（二）强化风险管控，确保稳健发展

注重事前防范严控各类风险。压实安全生产责任，强化常态监督考核，持续提升本质安全水平，全面落实"大气十条""水十条""土十条"要求，坚决杜绝较大及以上质量事故、安全生产事故、环境污染和生态破坏事件。持续推进成品油、非油品质量计量体系建设。强化外采油、租赁库、代储油等的监督抽查与盘点；高度重视质量计量事故事件应急处置，加强应急预案演练，严格事故事件责任追究，确保国家、集团公司油品质量、计量监督抽查合格率100%。

（三）深入推进合规管理，确保健康发展

落实集团公司构建"八大体系"，提升"八个能力"部署要求，坚定推进依法合规治企走深走实，率先建成一流法治企业。继续坚持全环节、全流程、全覆盖，探索建立销售企业"玻璃房子"管控模式；坚持开展资金安全与投资工程专项检查，严查资金安全、物资采购等方面的变异和隐形问题；加大非油业务合规管理力度，严防非商品购销、存货管理等领域风险；深入实施月度风险报告制度，定期开展风险识别预警；持续规范股权管理，严禁对外担保、借款、融资性贸易等业务。

(四) 坚持低成本战略，从严管控成本费用

将低成本发展理念贯穿费用管控全环节，从紧安排、极限管控、极限压减各项非生产性费用。深挖物流优化空间，严控各环节费用支出，确保成品油运费总额和吨油运费及仓储费受控，实现仓储物流效率效益双提高。优化用工组织，灵活用工方式，提升劳动效率，纯枪吨油人工成本保持稳中有降。强化全过程计量管理，保持运输损耗率行业领先。强化检维修计划管理，统筹考虑库站专项检修、隐患治理及安全环保生产费用，优化支出效果和效率，提高设备设施完好性水平。从紧安排、极限管控各项非生产性费用。严格定期结算客户管理，建立科学动态存货管理机制，合理使用票据，降低两金占用和财务费用支出。

(五) 持续提质增效，增强价值创造能力

发挥全面预算的战略导向作用，健全事前算赢预算管控机制，以总吨油收入和总毛利最大化为目标，全面深入开展批零一体化运作，提升竞争力和创效力。聚焦资源、市场与客户，做实做精做活市场营销工作。以为创新赋能为中心，聚焦机构改革和科技成果应用，为销售企业高质量发展持续注入新动能。

五、加快更具生命力的营销队伍建设

(一) 系统实施重点人才培育

实施三支经理人队伍"培优"计划、新能源人才"强基"计划。持续强化地市经理、客户经理、加油站经理三支经理人队伍培养，全面实施契约化管理、差异化薪酬和市场化退出，建立符合销售企业实际的经理人配套制度。加大新能源人才储备和政策支持，建立壮大新能源人才队伍。

(二) 统筹推进四大人才专项行动

推进经营管理人才、专业技术人才、高技能人才、青年储备人才四大人才专项行动。对经营管理人才突出政治引领，以引领发展、提升市场营销"四种能力"为重点进行赋能；对专业技术人才，以提升职业素养和创新能力为重点进行补强；对高技能人才，以创新创效、主动营销、安全生产、"阿米巴"运营管理为重点进行提升；对青年储备人才以提升岗位业务能力、高效工作为重点进行培育，全面提升各类人才综合素质能力。

(三) 打造人才发展支撑体系

坚持人才是第一资源，不拘一格选拔人才，立足实践锻炼培养人才，形成

更加科学、更具活力的人才工作机制，破除束缚人才发展的思想观念和制度障碍。持续优化组织体制、市场化用工机制和考核分配机制，强化人才精神激励和荣誉褒奖制度，建立健全"生聚理用"人才发展机制，让人才用当适任、用当其时、用当尽才。强化人力资源价值评价应用，激发人才创新创效活力；着力提升人才培养工作系统保障能力，强化培训资源平台建设，夯实"1+4+2+N"实训基地体系和课程师资体系，为人才搭建成长舞台。

第五章 实证研究与案例分析

第一节 广西销售高质量发展示范企业建设综合评价指标体系

综合评价指标体系是打造高质量发展示范企业量化考评的重要依据，建设科学合理的综合评价指标体系，对于规范企业运营、推动转型升级发展、助力高质量发展示范企业建设具有深远而重要的意义。广西销售公司研究领导小组办公室对照集团公司加快建设世界一流企业实施纲要要求，遵循统筹构建、可比可对、发展导向、党建引领四大原则，结合集团公司考核评价体系、销售分公司"国际知名、国内一流"油气氢电非综合服务商指标体系、地市企业发展能力评价和广西销售公司"十四五"发展规划等220多项指标进行筛选，明确确立了6个创建标准维度、18个方面能力指标类别、66项具体指标，构建形成广西销售公司的高质量发展示范企业建设综合评价指标体系。

一、指标体系设置说明

综合指标评价体系的具体指标有66项，其中：为集团公司建设一流企业的指标由销售公司需要直接承担的指标12项，销售分公司建设"国际知名、国内一流"油气氢电非综合服务商的指标11项，结合广西销售高质量发展示范企业建设方向增加完善的指标39项，体现党建工作的指标4项。指标项中，涵盖了广西销售业绩合同主要指标内容。

（一）党建引领方面

党建引领方面主要包括2个类别，6项指标，分别为：党建工作责任制考核排名情况、各单位党建工作责任制考核等级占比、宣传思想文化工作成效、人力资源质量指数等。

（二）供给高效方面

供给高效方面主要包括 3 个类别，18 项指标，分别为：成品油资源保障效率、配置计划完成率、非油商品配送及时率、运营加油（加气）站数量、运营百万元便利店数量、综合能源服务站数量等。

（三）产品卓越方面

产品卓越方面主要包括 2 个类别，13 项指标，分别为：高标号汽油（95# 以上）占汽油零售比例、成品油销售总量、纯枪销量、国内成品油市场占有率、零售市场占有率、充换电区内运营市场份额等。

（四）品牌卓著方面

品牌卓著方面主要包括 3 个类别，8 项指标，分别为：非油收入、非油毛利总额、千万次客户服务投诉率、"昆仑好客"品牌排名、万元营业收入能源消耗等。

（五）创新领先方面

创新领先方面主要包括 3 个类别，6 项指标，分别为：公司科技研发投入、创新研究课题获奖数量、形成优秀成果、数智广西销售建设、信息化应用、网络安全补强工程等。

（六）治理现代方面

治理现代方面主要包括 5 个类别，15 项指标，分别为：净利润、净资产收益率、EVA 率、全员劳动生产率、吨油营销成本、合资企业亏损面、全员人均净利润、较大及以上质量事故、安全生产事故、环境污染和生态破坏事件等。

（七）约束性指标

约束性指标包括安全、环保、数量、质量、稳定、新闻舆情、平安企业、品牌形象、党风廉政建设、资金风险。

二、指标体系测算说明

（一）评价指标及权重

按高质量发展示范企业建设 6 个纬度，总体权重分别为党建引领（10%）、供给高效（15%）、产品卓越（25%）、品牌卓著（15%）、创新领先（10%）、治理现代（25%）。

(二) 评价计分办法

1. 单项指标评价得分（采用千分制）

1）销售分公司区外企业内可比指标

按单项指标名次排序计算得分：单项指标位于第1位的，得分=权重分×130%；单项指标位于2~5位的，得分=权重分×100%；单项指标位于6~10位的，得分=权重分×90%；单项指标位于11~15位的，得分=权重分×80%；单项指标位于16~18位的，得分=权重分×70%；单项指标位于19位的，得分=权重分×60%。

2）广西销售发展指标

若销售公司区外企业内不可比，则按年度制定任务目标完成率计算得分：单项指标任务完成率130%（含）以上的，得分=权重分×130%；单项指标任务完成率130%以下（不含）的，得分=权重分×任务完成率。

3）其他考核指标

若未制定年度任务目标的，由专业部门明确指标评分测算规则，统筹综合评估得分，加权确定分值。控制性指标若为百分制的，则按最高分100%为限。

2. 综合评价得分

综合评价得分=单项指标评价合计得分。

3. 约束性指标

对当年发生以下事件之一，取消年度综合评价工作，公司高质量发展示范企业评价得分值为0：发生较大及以上生产安全事故或发生事故隐瞒不报的；发生较大及以上环境污染事件的；发生较大及以上生态破坏事件的；发生较大（C级）群体性进京上访事件或在企业发生较大（Ⅲ级）群体性上访事件，未落实分级响应要求，隐瞒、谎报、缓报信息的；各种违法违纪违规行为或事件被新闻媒体曝光，对企业品牌形象造成损害的；因违规违纪发生重大案件、事件，造成重大损失的；在货款回笼、商品采购、营业网点资金保管等环节违反财经纪律导致资金风险，给企业带来重大经济损失的。

(三) 综合评价划分标准

综合指标评价体系分值采用千分制，初步明确综合评价得分大于950分的，评价为达到高质量发展示范企业标准；介于900~950分区间的，评价为达到高质量发展企业标准；介于800~900分区间的，评价为基本达到高质量发展企业标准；800分以下的，评价为向实现基本高质量发展企业迈进阶段（表5-1）。

三、指标体系细则

表 5-1 广西销售高质量发展示范企业建设综合评价指标细则

序号	指标类别	指标名称	指标完成数值计算方式	指标完成评价计分方式
			第一部分　党建引领	
1	党的建设	党建工作责任制考核排名情况	广西销售公司获得集团公司党建工作责任制考评评价	按照集团公司党建工作责任制考评评价通报文件： 获得 A 级，得分比例为 120%； 获得 B 级，得分比例为 100%； 获得 C 级，得分比例为 90%； 获得 D 级，得分比例为 80%
2		公司各单位党建工作责任制考核等级占比	获得公司党建工作责任制考评评价 A 级的单位数量÷参与公司党建工作责任制考评评价的单位数量×100%	按照公司党建工作责任制考评评价通报文件： 占比超过 70%，得分比例为 120%； 占比超过 60%，得分比例为 100%； 占比超过 50%，得分比例为 90%； 占比超过 40%，得分比例为 80%
3		宣传思想文化工作成效	中国石油报记者站星级×30%+集团公司日常通报×40%+销售公司宣传通报部×20%+销售公司舆情通报×10%	控制性指标
4		群团工作水平	系统内外群团荣誉数量×30%+群团活动数量×40%+集团公司消费扶贫任务完成率×30%	按单项指标区外销售企业内名次排序计算得分
5	人才建设	具有技师及以上技能等级人员占比	具有技师及以上技能等级人员占比	单项指标任务完成率 100%，得分比例为 120%； 单项指标任务完成率 100%以下，得分比例为任务完成率
6		人力资源质量指数	人力资源质量指数＝[∑(各类学历人员数量×相应系数)+∑(各类职称和技能等级人员数量×相应系数)]÷统计人次 1. 学历系数：博研 2.4，硕研 2.1，本科 1.8，大专（高职）1.7，中专、高中（技校）及以下 1； 2. 职称（技能等级）系数：副高级（高级技师）2.9，中级（技师）1.9，助理（高级工）1.3，初级工 1	

续表

序号	指标类别	指标名称	指标完成值计算方式	指标完成值评价计分方式
			第二部分 供给高效	
7	资源供应效率	成品油资源保障效率	IF(资源量/销售量<1,资源量/销售量,1)×100−断供次数×5)/100	单项指标任务完成率100%，得分比例为120%；单项指标任务完成率100%以下的为任务完成率
8		车用天然气资源保障效率		
9		氢气资源保障效率		
10		配置计划完成率	配置完成量/配置计划量	单项指标任务完成率100%的，得分比例为120%；单项指标任务完成率98%以上100%以下的，得分比例为[100+(完成率−98%)×100×15]%；单项指标任务完成率98%的，得分比例为100%；单项指标任务完成率98%以下的，得分比例为(完成率/98%×100)%
11		油库周转次数	油库出库量/油库容×0.67（油库库容取在用库容，剔除因安全原因停用的罐容、停业检维修的罐容及暂未启用的罐容）	按单项指标区外销售企业内名次排序计算得分
12		库站装卸油时间	平均装油时间+平均卸油时间	
13		吨油物流费（自付）	运费/运量	单项指标任务完成率120%（含）以上的，得分比例为120%；单项指标任务完成率120%以下（不含）的，得分比例为任务完成率
14		吨油运行运费	油库运行成本/油库出库量	
15		质量合格率	质量合格批次/总批次	质量合格率100%得满分，质量合格率95%~100%（不含100%）得80%分值，质量合格率95%（不含95%）以下不得分

续表

序号	指标类别	指标名称	指标完成值计算方式	指标完成值评价计分方式
16	资源供应效率	非油商品配送及时率	及时配送订单数/总配送订单数	配送及时率95%~100%得满分，配送及时率90%~95%（不含95%）得90%分值，配送及时率85%~90%（不含90%）得80%分值，配送及时率80%~85%（不含85%）得70%分值，配送及时率80%（不含80%）以下不得分
17	库站设施能力	运营加油（加气）站数量	报告期加油情况表中加油站总数	按单项指标区外销售企业内名次排序计算得分
18		运营油库数量	报告期油库情况表中油库总数	
19		运营百万元便利店数量	报告期收入超100万元（含）的便利店数量之和	按区外销售企业100万元以上门店数量名次排序计算得分，评价得分 $Y=(100-n)/100×$分值（$n=$排名数-1）
20	新能源设施能力	综合能源服务站数量	报告期新能源统计表中综合能源服务站总数	按单项指标区外销售企业内名次排序计算得分
21		运营充电站数量	报告期新能源统计表中充电站总数	
22		运营换电站数量	报告期新能源统计表中换电站总数	
23		运营加氢站数量	报告期新能源统计表中加氢站总数	
24		运营光伏发电站数量	报告期新能源统计表中光伏站总数	

续表

序号	指标类别	指标名称	指标完成值计算方式	指标完成值评价计分方式
			第三部分　产品卓越	
25	产品结构	高标号汽油（95号以上）占汽油零售比例	高标号汽油纯枪销售量/汽油纯枪总销量	按单项指标区外销售企业内名次排序计算得分
26		成品油零售总量	成品油销售总量÷年度预算任务	按照年度计划完成率在区外销售企业的排名，"指标完成值"在销售公司区外销售企业内名次排序计算得分
27		纯枪销量	纯枪销量÷年度预算任务	
28		油气直销量	油气直销量÷年度预算任务	
29		车用天然气销量	加气站车用天然气销售总量÷年度预算任务	
30		区内成品油市场占有率	（成品油销量÷市场观需求）÷销售公司下达年度计划	
31	营销服务能力	零售市场相对份额	（当年公司成品油零售总量÷当年辖区零售总量）-（上年公司成品油零售总量÷上年度辖区零售总量）	按照年度计划完成率在区外销售企业的排名，"指标完成值"在销售公司区外销售企业内名次排序计算得分
32		区内车用燃气市场占有率	（当年公司销售的车用燃气销售数量÷辖区市场的车用燃气销售量）÷（上年公司销售的车用燃气销售数量÷上年辖区市场车用燃气消费量）	
33		加油站运营率	实际运营总天数/应运营总天数	
34		汽油移动支付占比	卡消费升数/总纯枪升数	

续表

序号	指标类别	指标名称	指标完成值计算方式	指标完成值评价计分方式
35	营销服务能力	充换电区内运营市场份额	公司充电桩数量/广西公共充电桩数量	按单项指标区外销售企业内名次排序计算得分
36		加氢区内市场份额	公司氢气销售量/广西区内氢气零售总量	
37		公司氢气销量/区内氢气零售总量	公司运营光伏发电项目数量/公司库站数量	
第四部分　品牌卓著				
38	非油发展水平	非油收入	按年度制定任务目标完成率计算得分	评价得分 $Y=$ 目标完成率×分值 [任务完成率 100%（含）以上的，得分比例为 120%，得分乘以系数 1.3；任务完成率 100% 以下（不含）的，得分比例为任务完成率]
39		非油毛利总额	按年度制定任务目标完成率计算得分	按区外销售企业名次排序计算得分，评价得分 $Y=(100-n)/100×$ 分值
40		单站日均收入	当期非油收入÷营业站点÷实际营业天数	按区外销售企业名次排序计算得分 [毛利率任务完成率 100%（含）以上的，得分比例为 120%，得分乘以系数 1.3；任务完成率 100% 以下（不含）的，按实际排名计算得分]
41		吨油非油销量	报告期非油品纯销量÷报告期成品油纯销量	按区外销售企业名次排序计算得分，评价得分 $Y=(100-n)/100×$ 分值（$n=$ 排名数 -1）
42		非油品毛利率	报告期非油毛利额/报告期非油品销售收入，以财务统计口径为准	评价得分 $Y=$ 目标完成率×分值（控制性指标若为百分制的，则按得分比例 100% 为限）
43	品牌影响力	投诉客户回访满意率	回访满意量（一般+满意+非常满意）/成功回访电话总量×100%	昆仑好客在广西连锁便利店数量的市场排 1~3 名得满分，排 4~6 名得满分 80% 分值，排 7~9 名得 60% 分值，排 10 名以上不得分
44		"昆仑好客"品牌排名	昆仑好客在广西连锁便利店数量的市场排名	

续表

序号	指标类别	指标名称	指标完成值计算方式	指标完成值评价计分方式
45	绿色发展水平	万元营业收入能源消耗	年节能量5吨标煤，节水量400立方米。满足条件得满分，不满足得0分	满足条件得满分，不满足得0分
			第五部分　创新领先	
46	创新要素	公司科技研发投入	考核得分=（当年科技研发投入额/当年科研投入任务目标）×100%	考核得分≥110%，得分比例为120%； 100%≤考核得分<110%，得分比例为100%； 90%≤考核得分<100%，得分比例为90%； 80%≤考核得分<90%，得分比例为80%； 70%≤考核得分<80%，得分比例为70%； 60%≤考核得分<70%，得分比例为60%； 考核得分<60%，得分比例为50%
47	创新成果	创新研究课题获奖数量	每年评审优秀课题的占比是40%	原则上按40%比例评审出优秀课题。满分按100%分值
48		形成优秀论文（成果）发表	以实际发表为准	以实际发表为准，不设完成值
49	数字化转型	数智广西营销建设	考核得分=数字信息化管理和统建信息系统应用×100%	考核得分≥80分，业绩指标成绩不扣分； 75分≤考核得分<80分，扣减0.1~0.5分； 70分≤考核得分<75分，扣减0.6~1.0分； 65分≤考核得分<70分，扣减1.1~1.5分； 60分≤考核得分<65分，扣减1.6~2.0分； 考核得分<60分，扣减2.1~5分； 表现优秀的考核得分可加0.1~0.5分，加分单位数的优秀比例不超过10%；以上最高扣减业绩分值5分
50		网络安全补强工程	考核得分=数字信息化管理和统建信息系统应用×100%	
51		信息化应用	集团公司2023年新增（修订）业绩指标配套考核细则	按销售公司信息系统应用考核排名计算得分

第五章　实证研究与案例分析

续表

第六部分 治理现代

序号	指标类别	指标名称	指标完成值计算方式	指标完成值评价计分方式
52	盈利能力	净利润	主油毛利－费用＋非油利润＋投资收益－税金及附加＋营业外收支净额－所得税	单项指标任务完成率120%（含）以上的，得分比例为120%；单项指标任务完成率120%以下（不含）的，得分比例为任务完成率
53		净资产收益率	净利润/[（期初资产合计＋期末资产合计）/2]×100%	
54		EVA率（EVA/调整后资本）	（税后净营业利润－平均资本占用×加权平均资本成本）÷调整后资本	
55		营业现金比率	营业收入现金比率＝经营活动现金流量净额÷营业收入	
56	运营管理能力	吨油营销成本	吨油营销成本＝（费用总额－财务费用）/总销量	
57		合资企业亏损面	合资企业亏损面＝亏损合资企业总数/合资企业总数	按单项指标区外销售企业内名次排序计算得分
58		达销率	$N-5$年、$N-4$年、$N-3$年、$N-2$年、$N-1$年新投运加油站在N年实际完成纯销量÷($N-5$年新投运加油站设计加枪销售量×90%＋$N-4$年新投运加油站设计纯枪销售量×70%＋$N-3$年新投运加油站设计纯枪销售量×50%＋$N-2$年新投运加油站设计纯枪销售量×30%)	
59		平均单站年销售量	年纯枪销售总量/公司加油站总座数（含停运的全资、控股、租赁站，橇装加油装置）	按照年度计划完成率在区外销售企业的排名，"指标完成值"在销售公司区外销售企业内名次排序计算得分

续表

序号	指标类别	指标名称	指标完成值计算方式	指标完成值评价计分方式
60		全员劳动生产率	全员劳动生产率=(劳动者报酬+固定资产折旧+生产税净额+营业盈余)/平均从业人数; 生产税净额=税费总额-财政补贴; 营业盈余=营业利润+补贴收入; 劳动者报酬=支付给员工的薪酬、保险、公积金、福利费(含外包)	单项指标任务完成率120%(含)以上的,得分比例为120%;单项指标任务完成率120%以下(不含)的,得分比例为任务完成率
61	人力资源管理能力	全员人均纯枪销量	全员人均纯枪销售总量=年纯枪销售总量/企业从业员工平均人数	
62		培训达成率	培训达成率=培训计划完成率×30%+培训覆盖率×30%+培训学时达标率×40%	
63		全员人均净利润	全员人均净利润=年净利润/企业从业员工平均人数	
64	公司治理水平	公司发展能力评价指数	将评价企业指标原值转化为指标分数,再利用加权平均法计算各能力得分和企业评价得分	控制性指标
65		资产负债率	资产负债率=期末总负债/期末总资产	评为优秀的,得分比例为120%; 评为良好的,得分比例为100%; 评为一般的,得分比例为80%; 评为较差的,得分比例为70%; 评为落后的,不得分
66	风险管理能力	较大及以上质量事故、安全生产事故、环境污染和生态破坏事件	集团公司年度安全环保考核结果	按单项指标区外销售企业内名次排序计算得分 实际发生为0的,得满分;出现叙述情况的为零分

四、广西销售高质量发展任务落实

(一) 铸牢国有企业的"根"和"魂",用高质量的党建引领高质量发展

坚持党的全面领导,夯实企业发展根基。以习近平新时代中国特色社会主义思想为统领,坚决把党的领导落实到高质量发展全过程、各领域。落实集团公司提升基层党建质量工作新要求,构建基层党建工作"组织、制度、教育、责任、考评、保障"六个体系,全面提升基层党建质量。持续推进基层党建"三基本"建设与"三基"工作有机融合,强化推动"六个一"党支部、万吨站示范党支部、星级加油站等创建,打造一批有广西销售辨识度的党建"金名片"。

加强全面从严治党,凝聚改革发展动能。落实中央八项规定精神及党组新修订的实施细则,用好"5W2H"阻断机制,坚决防止"四风"问题反弹。要全面建立"严"字当头、"细"字发力、"实"字托底、"干"字见效的"严细实干"工作落实机制,让风清气正、蓬勃朝气遍布两级部门、每座库站。健全完善两级本部服务基层机制,落实首问负责制,自觉增强"马上就办、办就办好"行动力,努力把两级本部建设成为讲政治、有活力、能战斗、守纪律的坚强堡垒。

融合石油精神与八桂情怀,全面提升文化引领力。弘扬石油精神和大庆精神铁人精神,结合广西精神文化内涵要求,全面推进"四精五小家文化"为核心的特色库站文化,建设具有鲜明时代特征和石油特色的、具有强大凝聚力和引领力的广西销售特色企业文化。

凝心聚力共创和谐,着力共享高质量发展成果。持续加强民主管理,引导员工代表有序参与公司治理。厚植为民情怀,常态化开展"我为员工办实事",加大资源投入解决员工群众急难愁盼问题。加强与地方政府公共关系,建立有效的协调机制,办好"中国石油公众开放日"等系列活动,树立广西销售良好形象。不断完善服务网络,持续开展"温暖回家路"等公益活动,助力乡村振兴、老区红色旅游资源开发和特色产业发展等项目,奋力扛起共同富裕的使命担当。

(二) 建设多元化资源供应体系,用高效的供应链提升供给保障能力

强化传统油气资源供应链保障。完善资源运输及配送网络,以管道、铁路、公路、海(水)运等多种运输方式为支撑,实现油库管道互联互通。谋划燃气资源组织保障工作,发挥中国石油驻桂单位整体合力,保障区内燃气供给网络。构建购销一体化运作,以销定采合理制订营销计划,合理把控库存运

行，保障区域内资源市场平稳有序运行。

着力打造便捷高效非油商品供应链。完善仓配一体化，建设高效、安全、透明、经济、便捷的仓储配送体系，满足新型流通业态和多元化业务的发展需求。强化自动化订单履行能力，推进完善非油商品订货系统功能，驱动自身可持续的成本降低和服务效率提升。深化制售同盟关系，不断优化商品结构。打通线上线下"两个渠道"和配送"最后一公里"，非油运行模式逐渐向线下线上一体化方向发展，满足多元化业务发展需求。

谋划安全高效的新能源供给体系。按照公司新能源业务发展规划方案部署，同步谋划研究加氢站、充换电站的资源供给。在推动库站光伏发电等清洁绿电的基础上，积极探索"光储充并放"新技术应用。结合电力市场化改革，通过购售电代理市场化运作，降低充换电运营成本。依托集团公司氢产业链发展，形成氢能制储运加一体化供应链。超前研究压控氢气运输成本，统筹运作市场化采购氢气资源，提高加氢站经济效益。

（三）做强"油气氢电非"综合服务商，用卓越的营销增强产品竞争力

打造卓越的"油气氢电非"多元化产品体系。加快从成品油销售企业到"油气氢电非"综合服务商的转变，将新能源业务与成品油业务接续发展、与非油业务协同发展。在稳固发展"油"业务上，内挖营销潜力，外拓市场需求，攻坚零售市场份额，要把海（水）上市场作为专项研究突破，确保规模份额"三分天下"；研究乙醇汽油、甲醇燃料等新型清洁燃料市场发展趋势。在有力开发"气"业务上，以合资专业公司加快推进燃气业务运作，理顺资源价格渠道、业务环节运作等方面流程，积累LNG业务发展经验。在稳健谋划"氢"业务上，结合区内氢能资源、市场体系发展状况，适时在有客户需求和应用场景的地区试点建设加氢站。在加快发展"电"业务上，首选自建方式，全力差异化开展站内站外充换电业务布局；推动与电力行业头部企业的合资合作，积极布局换电网络，为全面进入换电增量市场积累经验。在做优做强"非"业务上，着力打造品牌卓著、创新领先、值得信赖的一流营销团队，为客户提供超越预期的产品和服务。

着力建设卓越的现代市场营销体系。加强批零一体化营销组织，树立以市场为导向、以客户为中心、以需求端为基点的价值理念，不断做大客群规模、做稳终端销售，提升全环节营销质量。深化油非一体化营销，以"差异化、有特色、可持续"为主要原则，带动新客户开发，避免老客户流失。定制研发"广、大、高、专"的非油商品，有针对性、定制式地开展油非互动。加快构建综合能源一体化布局，强化对新能源项目运营全过程、多维度的管理。

实行业财一体化深度融合，提升公司整体评价的站位，最终实现"1+1>2"的效果。

持续优化卓越的终端营销网络布局。打造精而强的传统能源站点网络，切实抓好存量网络挖潜提升，盘活现有优质站点，做到守土有责、守土负责、守土尽责。布局专而特的新能源项目网络，以"充电、换电、加氢、光伏"为四个赛道，因地制宜逐步建设新能源站点，迅速建起绿色低碳发展新网络。建立全而优的综合服务网络，利用加油站的传统网络优势，充分利用和调动加油站场地、人员、客户资源，创新服务模式、丰富服务业态，探索实施"互联网+综合能源站+第三方"新经济商业模式。

不断提升卓越的价值创造能力。精准市场研判，注重市场分析，优化资源和市场运作，着眼总毛利最大化及市场份额的提升。科学把握竞合关系，深化打非治违，维护市场竞争秩序。精细客户管理，建立属地化客户管理体系，建立健全以客户为中心的营销运作体系，从经营产品向经营客户转变。精致业务服务，实现对服务增值的多元发展，拓展人车需求的新能源服务功能。完善生活需求的延伸服务功能，加速推动与家电、餐饮、生鲜、数码头部企业的合作，开展店中店专区打造，提升场地使用效率和创效能力。以自营洗车业务为主要架构拓展网点布局，钻研新能源汽车延伸服务，专业化运作车辆保养、维修、美容、汽车产品等更多附加值业务。

（四）打造品牌新优势，用卓著的运营管理扩大品牌市场影响力

优化非油运营模式，提升"昆仑好客"品牌知名度。迎合客户消费需求，增强客户服务体验，优化各类产品品牌定位及架构体系，形成店内、店外、线上三足鼎立格局。强化运营"好客"自有商品，统筹做好昆仑好客"优选+"自有品牌集中运营，不断提高自有商品销售占比和效益贡献。深度开发广西自有商品，立足广西"农特优"及绿色生态产品和资源优势，借力"广西特产行销全国"升级行动，有效培育高附加值自有商品。不断创新经营模式，在"油卡非润"一体化营销基础上，主动适应新零售发展趋势，建设"线上+线下"融合发展新模式。加强创新营销思维，以"大促造节"营销方式，推动便利店经营从满足客户需求向创造客户需求转变。

坚持质量至上理念，持续升华品牌美誉度。提高主非油产品和服务质量，建立以顾客和市场为导向的质量管理理念，严把全过程质量管控，杜绝不合格不达标油品入库入站，杜绝假冒伪劣商品和变质过期商品上架销售。精细开展商品品类分析，及时清理长期未动销商品和临期商品，强化主非油质量监督抽查，确保外部质量抽检合格率100%。坚决杜绝各类质量安全事故，持续提高企业产业价值，坚决维护好"中国石油""昆仑好客"品牌形象。以广西销售特色QHSE体系建设为主线，以风险受控为核心，突出抓好运营和施工两大风险管控，提高工程质量，优化风险分级方案，实现总体安全运营。规模发展库站光伏业务，调整库站用电结构、降碳减排，强化节能降耗管理措施，促进节能降耗管理上水平。

（五）构建创新驱动平台机制，用领先的赋能理念提高创新管理发展能力

以科技创新作为驱动要素，为高质量发展铸体强基。提升智能化发展能力，围绕"业务发展、管理变革、技术赋能"三大主线，以市场需求为导向，技术要素为手段，提升竞争力为目标，完成数字化的营销中心、财务中心、物流中心、运维中心、安全监控中心、培训中心等六大中心建设，有效提升生产经营数字化智能化水平。构建完善以大集中ERP、加管3.0为核心的经营管理平台、以网络安全为核心的基础设施平台，全力推进以业财一体为主线的数字化智能化建设实践。全面实施信息化补强工程，着力建设以实现物流、资金流、信息流及价值流"四流合一"为核心的先进、共享、开放"数智广西销售"。发挥创新主体作用，着力集聚创新要素，增加创新投入强度，增加资金和人员投入。通过揭榜挂帅等方式，积极参与上级公司及广西地方重大创新平台建设和课题研究，通过与系统内外科研机构的合作，创新培育信息合作模式。

以管理创新作为关键动力，为高质量发展蓄势赋能。建立健全创新成果评价体系，以管理创新项目、管理创新课题研究、微创新三个层次类别，改进完善创新立项论证、过程监管、成果验收与转化推广等管理方式，全面释放公司管理创新活力。健全完善公司制度创新体系，破除束缚管理创新的体制机制障碍，以制度的创新促进企业管理创新建设。发扬首创精神，打破惯性思维，围绕重点任务、新的领域或难点、热点、焦点，成立相关工作专班专题研究攻关突破，加快推动新阶段新业务的创新发展。

以应用创新作为价值转化，为高质量发展固本增效。提高能源节约集约利用水平，利用新工艺、新材料，打造技术含量高、质量过硬的绿色低碳新型示范工程，以高品质工程助力公司高质量发展。逐步推广智慧新型技术手段应用，推广无人机巡检、机器人检测、视频智能行为分析等科技手段，持续提升智慧监管水平，以"互联网+安全"创新思维驱动公司高质量发展。突出价值引领、价值创造、价值增值，不断推广财务管理的信息新手段，实现全场景自动化转变，促进财务流程的数字化变革，在创新财务管理上实现创新价值。

（六）优化完善治理结构体系，用现代的管理架构提升企业治理能力

优化完善决策体系，加快完善中国特色现代企业制度。坚持权责法定、权责透明、协调运转、有效制衡的公司治理机制，划分明晰党委会与总经理办公会决策管理内容，分层分类明确界定"三重一大"事项和其他重要经营管理事项清单，健全完善党委把关定向与依法决策有机统一的决策机制。加强所属地市分公司模拟法人结构建设。加强所属控参股企业派出人员"三会"决策管理，公司派出股东代表、董事会、监事会成员严格按照公司决定在所属控参股企业"三会"上发表意见履行职责。

优化完善组织体系，提高企业治理效能。持续深化大部制改革，做到岗位全覆盖，逐步建立起各专业线闭环运行持续改进的业务管理体系，实现各项业务管理水平在 PDCA 循环中螺旋式稳步提升。优化基层组织机构和劳动组织形式，持续深化本部机构调整，实现职能职责有机统一。推进阿米巴经营模式与销售业务深度融合，建立内部市场化运行机制，充分授权赋能，激发基层活力。优化提升人力资源配置，用工编制重点向高销高效站、销量提升潜力大、顾客对消费体验要求较高的加油站倾斜，健全员工市场化退出机制，强化劳动合同管理，严格执行用工总量计划管控。健全完善授权管理体系，推进简政放权、放管结合、优化服务，加强对所属基层单位的服务指导，配套完善相关授权制度流程，确保放得下、接得住、管得好。

优化完善运行体系，提升企业价值创造。把价值创造作为建设高质量发展示范企业的本质要求，强化卓越价值目标引领，健全以市场为导向、以客户为中心、以效益为目标的经营运行机制。建立健全市场化经营机制，鲜明倡导"利润兜底、量效兼顾、收入靠挣、费用靠挣"的经营考核方针，推动公司效益指标逐步接近一流企业水平。坚持事前算赢、利润动态测算，深入分析公司效益情况及发展趋势，提出合理化财务建议。深入开展亏损企业治理和法人压减，对于运营亏损企业详细分析原因，通过经营提升、费用压减、资产优化等手段，减少亏损直至扭亏。加强股权处置，注重风险研判，贯彻"加快低效无效资产处置"的要求。深入实施提质增效，以"质""效"双增为标准，坚持"一切成本皆可降""无预算不支出"的理念，以预算考核引导正向激励，构建以市场为导向的产品成本倒逼机制和量本利、价本利成本约束机制。

优化完善风险防控体系，全面增强风险防控能力。统筹发展和安全，构建广西特色 QHSE 监管体系，以"规范实用、履职尽责、智慧监管、能力提升、风险受控、基层基础"六个着力，构建 QHSE 制度体系、责任体系、智慧监管支撑体系、履职能力评估体系、动态监管体系、量化审核考评体系等六大体系。聚焦建设

一流法治企业目标，不断深化治理完善、经营合规、管理规范、守法诚信的法治企业建设，为公司发展提供强有力合规治企保障。健全完善内控与风险管理体系，健全安全经营、环境保护、维稳信访、安保防恐体制机制。强化风险评估及监测预警，及时发现和堵塞漏洞，实现重大经营风险事件闭环管理。

优化完善监督体系，提升监督治理整体效能。聚焦"企之要情"，建立流程清晰、责任明确的"两个责任"标准化体系，推动责任环环相扣，压力层层到人。强化以促进规范运营为核心的监督管理，发挥业务监督"第一道防线"、职能监督"第二道防线"、专职监督"第三道防线"作用，共同推动"三横五纵"监督格局落细落深，统筹衔接"四项监督"，加强政治监督、日常监督、经济责任审计，形成具体化、常态化的大监督格局。以系统思维一体推进"三不"，在"不敢腐"上持续加压、在"不能腐"上深化拓展、在"不想腐"上巩固提升。持续开展政治巡察，推进巡察工作规划（2023—2027年），促进巡察与人事、纪检、审计监督统筹衔接，发挥巡察工作利剑作用。

（七）实施人才强企战略，为高质量发展示范企业建设提供人才支撑保障

全力锻造高素质专业化干部队伍。持续深化三项制度改革，加强基层单位领导班子和干部队伍建设，大力选拔使用"三强"干部，着力构建年龄梯次合理、专业经历互补、能力特长匹配、性格气质相容的领导班子。加快建设一支专业素质高、业务技术精、创新能力强的专家队伍。立足公司长远发展和建设高质量发展示范企业需要，组织开展"梯队培养人选计划"，及时配齐配强各层级专职党务干部。加强党支部书记、党务工作者和党员教育培训，着力建设"三懂三会三过硬"党支部带头人队伍。统筹实施"青马工程"，加强与区内外院校合作，加大毕业生引进力度，强化青年人才队伍储备。

着重打造专业化的技能人才队伍。坚持"人人皆为人才，人人皆可成才"理念，锚定建设"油气氢电非"专业化人才高地目标，培育新能源、信息化骨干人才，打造各个层级所需的人才队伍。培优育强"油站、油库、批直、非油、片区"五支职业经理人队伍，打造懂技术会创新、敢担当讲奉献的具有广西销售特色的市场营销技能骨干人才队伍。强化一线班组长队伍建设，创建一线生产基本单元技能人才最优配置模式，健全完善技能人才流动机制，最大限度挖掘技能人才队伍潜力。完善"企业技师协会、技能专家工作室、一线创新团队"三级技能人才创新创效体系，形成逐级响应的立体式技能人才作用发挥网络平台。

健全完善人才发展体制机制。坚持人才引领发展战略定位，加大竞聘和市场化选聘力度，推动干部"能上能下"，促进形成"能进能出"的市场化用工机制。持续深化薪酬分配制度改革，完善薪酬总额决定机制，实现收入"能高能低"，激活企业内生动力。健全凭业绩贡献挣薪酬待遇的激励机制，推动技能人才由"拿证书要待遇"向"凭业绩贡献挣待遇"转变。强化重点人才培育培养，畅通技能人才职业发展通道，持续释放技能人才队伍内生动力。完善积分制选聘、考核办法，打破学历、职称、职业等级及资历、年龄、比例等限制，建立以工作业绩为重点、兼顾职业能力和素养的选聘标准。常态化开展等级认定，探索建立职业资格、职业技能等级与相应职称双向比照认定制度，鼓励支持从符合条件的高技能人才中选拔培养党政干部和技术人才，进一步畅通技能人才横向转换通道。

第二节 安徽销售对标世界一流企业价值创造综合评价指标体系

一、指标体系设置说明

（一）指导思想

以提升价值创造能力为主线，以对标世界一流企业为抓手，围绕增强核心功能、提高核心竞争力，在公司 2023 年价值创造取得成果的基础，在符合公司自身实际前提下，安徽销售公司成立价值创造行动领导小组，下设工作办公室和 6 个工作专班，建立定期会议、定期督办、查评反馈、定期评比、总结宣传五大运行保障机制，深入延展，聚焦"战略新兴、经营质效、创新动能、治理现代化、长期可持续和社会责任价值" 6 个维度，通过包括效益效率、市场经营、资本运作、创新发展、业务布局、风险管理、人力资源管理、安全环保、社会责任及品牌管理等 41 个指标，把价值创造理念贯穿到经营决策全过程，把价值创造要求融入管理运营各环节，把价值创造导向体现到有效激励约束各方面，着力企业的提质增效，着力科技创新，着力产业布局优化和结构调整，着力防范化解重大风险，推动安徽销售公司从数量型规模型向质量型效益效率型转变，为加快建设基业长青的世界一流综合性国际能源公司提供坚强支撑。

（二）对标指标体系构建

1. 功能价值指标

关键指标：光伏/充换电站开发数量。

2. 经营价值指标

关键指标：利润总额、净利润、资产负债率、净资产收益率、全员劳动生产率、经济增加值率、营业现金比率、纯枪销量、非油利润、吨油营销成本、预算引领能力、年度股权投资收益完成率、客户服务考核得分、销售油品质量合格率、成品油相对市场占有率、配置计划完成率、油库吨油成本运行成本、非油商品库存量。

（三）创新价值指标

关键指标：研发经费投入强度、科技创新成果梳理、数据资产显化率。

1. 治理价值指标

关键指标：治理主体议事规则优化完善度、地市公司二三级机构总体压减率、全员人均纯枪量、绩效考核体系健全水平、三基工作水平。

2. 长期价值指标

关键指标：新开发站中城区及高速站占比、资产创效金额、低效无效股权企业处置数量、亏损企业亏损面、技师及以上高技能人才数量、合规管控能力、风险防控能力。

3. 社会价值指标

关键指标：库站排污许可取证率、光伏发电量、集团公司健康企业验收认证通过率、一般 A 级及以上工业安全生产事故数、四类安全环保事故事件数、社会责任践行力、品牌管理水平。

二、对标分析情况

（一）对标开展情况

安徽销售公司 2023 年以对标世界一流企业为抓手，以六大价值创造能力为主线，围绕 33 项对标指标，以湖北、江苏、广西、云南等多家领先兄弟销售公司为标杆，找差距、找方向、找路径，结合业务属性、管理属性，以定性的方式开展广义对标，不断优化制度流程、工作方法、管理举措，不断提升企业综合实力，夯实高质量发展根基，增强转型升级动力，围绕效益效率、创新驱动、改革转型和服务大局，突出数量型规模型向质量型效益效率型转变，突出短期绩效向注重长期价值转变，突出单一价值视角向整体价值理念转变的工作目标，经营管理效能全面提升，33 项对标指标中 20 项指标排名靠前、表现突出，作为唯一一家区外销售企业在集团公司价值创造行动中被评为标杆企业，书写了安徽销售公司价值创造新篇章。

（二）对标优势分析

1. 党建引领优势

把旗帜鲜明讲政治作为第一要求，把总书记重要指示批示精神作为定盘星，以党的政治建设为引领，不断增强党员干部忠诚拥护"两个确立"、坚决做到"两个维护"的政治自觉。高质量开展两个批次主题教育，通过"四个以学"，坚定干部员工"创一流"信心决心，激励各项业务多角度创新发展，把党的路线、主张及上级公司的部署安排传达到党支部"神经末梢"，激活"红色细胞"，凝聚起安徽销售公司发展强大动能。

2. 企业文化优势

秉持"成就企业、福祉员工"治企宗旨，打造"家·和"文化，竭尽所能推动员工共同富裕，始终把创效增收作为"福祉员工"之要，激发各个岗位的澎湃热情，释放各个环节的无限潜能。引领员工建家兴家，树立"安徽销售好，大家才能好"的理念，激励安徽销售的每一名家人"拼全力""放光彩"，共同推动了安徽销售公司换挡提速，步入高质量发展的快车道。

3. 公司治理优势

安徽销售公司决策治理体系进一步优化，议事规则进一步健全，"一体两翼三支撑四融合"工作格局进一步完善，企业主动合规的内在动力进一步增强，以最严格的制度、最严厉的要求、最严肃的纪律，保障了公司社会经营活动的科学化、合法性，有效防范违规风险，"皖美中油"品牌更加深入人心、广受美誉，实质性提升了安徽销售公司的竞争实力。

4. 战略研判优势

安徽销售公司坚持规划引领，战略先行，细致研究行业发展趋势，紧密关注政策动态，精准把握市场运行，认真落实集团公司战略部署，充分结合区域及公司实际，成立市场研判团队，科学制定发展目标。在传统油站发展方面，平衡规模，注重质量，投资向重点项目倾斜；在新能源发展方面，提前谋划，积极布局，向油气氢电非综合能源供应商转型；在市场营销方面，以深挖市场信息为己任，做好宏观微观全方位市场分析，量效平衡效果明显改善。近年来，安徽销售公司各项业务紧跟市场脉搏，高质量转型步伐积极迈进。

5. 工作方法优势

安徽销售公司推行的"七实工作法"形成环环相扣、职责明晰的系统治企模式，在理论学习上、在营销创效上、在服务监督上、在阿米巴经营上、在成本管控上、在问题查摆整治上、在风险监测和预警上，处处运用实打实的工作方法，扎实推动全流程精细管理、闭环管理，确保各项工作齐头并进有成效。

（三）对标差距不足及原因分析

安徽销售公司属中国石油区外销售公司，受限于市场环境和创新思维的桎梏，目前汽油纯枪和非油业务"两大短板"尚未破局；库存结构仍需进一步优化，新投运站达销率治理完成率较低，阿米巴经营、数智化营销和新能源业务尚需加速推进。

三、安徽销售2023—2025年总目标

（一）功能价值指标

紧密结合市场需求变化，紧抓各地政府大力推动电动汽车和氢能产业发展的机遇，充分发挥自身网络优势，优选合适项目，加快发展充电、有效发展换电、稳健发展加氢、规模发展光伏业务，加快"国际知名、国内一流的油气氢电非综合服务商"建设，推动销售业务转型升级。计划至2025年光伏达到70座，充换电站达到25座。

（二）经营价值指标

坚决打好提质增效持久战，实现"质""效"双增，确保"两利五率"多维指标稳步增长，2025年实现纯枪销量168万吨、利润总额8000万元、非油利润1亿元；牢固树立"一切费用皆可降"，强化极限成本管控，力争2025年吨油营销成本降至398元/吨；围绕市场导向，大力加强市场营销能力建设，2025年前减缓成品油相对市场占比率的降幅；持续提升产品、服务质量，围绕客户满意目标，以"服务创造无限价值"为管理创效指导思想，打造强大服务现场，实现服务强企，力争客户服务考核得分2025年实现99.5分、销售油品质量合格率年年实现100%、配置计划完成率达100%、非油商品库存量降1.3亿元；助力股权企业规范顺畅运营，维护我方投资权益，确保年度投资收益完成率均达100%。

（三）创新价值指标

深入贯彻集团公司创新发展战略，夯实制度基础，推进创新发展，持续落实销售可供科技创新"四个一"工作要求；实现集团公司大集中ERP项目安徽地区上线；以业务需求为导向，划分专业线围绕核心业务系统、配套及自建

系统，建立数据目录及标准，提高数据质量，保证数据安全，建立统一的数据管理体系，力争2025年数据资产显化率达95%。

（四）治理价值指标

坚持党的领导与公司治理有机融合，全面落实"两个一以贯之"，法人治理结构更加优化，决策权限更加合规，决策清单明晰明朗；新型生产组织模式基本推进到位，扁平精简、协调运转、动态优化的新型高效组织体系基本建立，组织效能和运行效率明显提升，有效适应和支持公司发展战略，2025年实现地市公司二三级机构总体压减5%以上；持续优化劳动组织形式，完善人力资源配置，从严控制用工总量，优化精准激励机制，持续提升劳动效率，激发基层队伍动力活力，力争2025年全员人均纯枪量排名区外销售企业前3位；考核评价体系更加合理、运行更加高效，考核符合实际，评价客观公正，考核奖惩、公开、公平、公正兑现到人，2025年争取实现集团公司全员业绩考核奖励上限得分；"三基建设"全面深化，三基工作全面提质，2025年全面实现基层建设规范化、基础工作精细化、基本素质专业化。

（五）长期价值指标

网络规模稳健发展、布局逐步完善、质量明显提高，投资流向重点区域，力争2025年新开发站中城区及高速站占比80%以上；推进资产结构优化，不断巩固创效基本面，资产加速负数资产清理，盘活低效负数及闲置资产，提升资产保值增值能力，2023—2025年累计实现资产创效3000万元；通过持续梳理低效无效企业，深入推进法人压减工作走深走实，实现企业瘦身提质，提升整体运营水平，力争2025年完成对低效无效股权企业瘦身处置；鼎力打造技能型人才队伍建设，力争2025年末全公司范围内形成150人的高技能人才队伍；公司法治理念更加强化、治理机制更加完善、制度体系更加优化、风险管理能力日益加强、管理方式更加科学、作用发挥更加有效，到2025年，公司法治建设取得明显进步，率先打造一批达到世界一流水平的法治建设示范企业；提升业务运营过程中风险监测预警水平和流程日常监督力度，规范企业流程执行力，提高企业抵御风险的能力。

（六）社会价值指标

强化环保基础管理，提升监测能力，推进绿色企业创建。力争实现每年度库站排污许可取证率100%、光伏发电量$90\times10^4 kW \cdot h$、无中央环保督察、全国人大或国务院及其相关部委生态环境专项检查通报或督办的环境违法违规事件；强化体系建设与顶层设计，强化责任归位与考核追责，强化制度落实与执行力建设，突出本质安全监管，实施员工全面健康管理，强化环境保护过程管控，确保生产经营安全平稳受控；2025年社会责任品牌价值和影响力全面增强，乡村振兴共建共享水平不断提升。

四、安徽销售对标工作任务落实

（一）围绕功能价值创造培育新质生产力，提高核心竞争力

做好新能源提速和战略性新兴产业篇章，提高多能协同发展水平，加快形成新质生产力。一是规模发展光伏发电业务，对于用电量大、消纳比例高、综合效益好的分布式光伏项目做到应上尽上。二是加快发展充电业务，加快充换电业务布局，抢占充电增量市场，扩展充换电、销售、租赁、4S增值服务，构建充换电一张网；积极拓展站外充换电网络，创新开发方式，分摊投资成本。三是稳健发展加氢业务，密切关注省内氢能行业动态，与意向单位采取合资合作方式，降低投资风险，力争加氢站有所突破。

（二）围绕经营价值创造着力增强质量效益，提高价值创造的质量水平

着力加强价值创造体系建设，打造长效价值管理平台。一是突出"两利五率"指标价值引领，深入开展提质增效和亏损治理；持续深化"业财一体化"成果应用，对标行业先进和一流企业，推动关键要素改善提升；提升预算引领导向作用，稳步推进"零基预算"管理，细化预算编制分析颗粒度，完善预算编制方法体系；发挥价格管控在资源配置和营销决策中的重要作用，持续完善以"批零一体化"为核心、约束与激励相结合的价格运行机制，监测"一价制"运行情况，深化政策、市场研究与研判，统筹好"上与下""总与分""批发与零售"三对关系，努力实现"三个最大化"，推动提升公司整体抗风险能力和市场竞争力。二是推进批零、油非、业财"三个一体化"，着力构建以信息化为最强支撑的"大营销"体系，助力数字化营销；改革薪酬激励制度，提升全员营销活力；建立1663服务树体系，服务流程标准化，提升现场服务水平。三是加快构建和谐"人·车·生活"生态圈部署为统领，围绕"购买代理、门店起点、数据驱动、融合创新"的工作目标，强化加油站便利店"龙头"作用，着力优化内部资源，向提高管理运营水平要效益，向激发内生动力要效益，优化非油组织机构，明确部门职责和岗位设置；组建内部咨询顾问团队、制售同盟团队、品类顾问团队、区域督导团队；针对自身特点研究制定商品迭代升级、店面优化提升、供应链优

化、财务保障等措施，进一步完善非油工作机制。

着力实施低成本发展战略举措，打造低成本优势。坚定落实集团公司推动习惯过紧日子要求，树牢"无预算不支出"和"一切成本皆可降"理念，把牢预算管理、资金配置、服务购买等重要关口，抓好成本关键环节和重点要素管控，打开支出端细化分析成本构成，深入挖掘生产经营各环节降本潜力，坚持非必要不支出，深化全员、全要素、全过程成本管理，严格资金管理、严肃财经纪律，厉行勤俭节约、反对浪费奢靡，依靠科技和管理创新，坚决把成本降下来。

着力加强集中集约管理，打造世界一流财务管理体系。持续完善"事前算赢"的全面预算管理体系，做好"日预测、周预警、月分析"，推动财务预算向经营活动全过程、价值链全环节延伸，加强财务预算与业务预算有机衔接和有效协同，发挥全面预算管理对企业经营发展的支撑和管控作用，保障全年业绩目标的实现。强化源头管控与治理，提高"两金"运营水平：聚焦塑造"精准营销"和"精益非油"，强化资金及时回笼与运行增效，积极采取措施，完成压降目标任务。建立完善财务管理岗位责任制，推动财务管理与"三基"工作有机融合，切实建立职责清晰、岗位明确、责任到人的财务管理"岗位责任制"。

着力提升股权企业质量，打造运作规范的股权企业。一是结合股东双方管理要求，持续完善管理制度和工作流程，规范工作标准，确保各项工作有据可依，规范运营。二是强化各项业务培训，提升业务操作能力，定期开展专项检查，以查促改，提升管理，强化风险防控水平。三是完善考核机制，通过表彰、奖励、监督、问责等方式，激发企业经营活力，助力企业经营工作持续向好。四是持续跟踪企业运营，及时解决面临问题，督促做好股利分配，保障我方投资收益及时收回。

着力提升产品、工程和服务质量，打造卓越产品、优质工程和满意服务。一是将客户服务管理纳入分公司考核体系，严考核、硬兑现，督促分公司做好服务管理工作，提高加油站管理水平；运用神秘顾客暗访、现场检查、视频巡查、956100投诉管控等手段，强化对加油站服务监管，发现问题及时有针对性地督促纠正；开展服务之星评比活动，激励员工不断优化服务质量。二是强化采购环节源头质量管控，入库油品严格把关，对参控股、品牌授权和租赁站定期开展质量监督抽查，加强代储库和串换库的质量监管。三是开展储存环节动态监控，不动罐汽柴油、外采油严格落实周期检验，严把出库油品质量关。四是强化零售环节质量管控，做好入站质量验收、储存超期、汽油换季、外部抽检应对等基础质量管理工作。五是加大对屡查屡有等重复性问题的考核力度。六是加大对各油库化验室的帮扶力度，通过开展操作技能培训、实验室间数据比对、内部审核等多种方式不断提升公司油品检验能力，切实把好油品质量关。

着力加强生产运行管理，打造精益运营产业链。一是强化市场研判的指导作用。聚焦区域市场批直端的价格动态，一把手管经营、抓营销，精细改善调研方法和数据分析，全面了解行业动态和竞争对手情况，为公司的战略决策提供重要参考。二是实施客户开发和客户摸排计划，巩固存量开发新量，稳固、提升机构客户油品采购量，进一步提升市场份额。三是重点培养高级客户经理业务能力，聚焦市场竞争、政策把握、营销策略、合规管理、客存管控、客户开发等相关内容，通过培训进一步提升高级客户经理的批零一体化营销水平。四是储运营销协同，以市场研判为基础制定月度配置计划，与总部、大区公司沟通协调，参与 DPO 方案编制，形成月度资源运输计划；日间运行与各发货点沟通协调，确保计划足额兑现；合理安排油库装卸作业计划，摆布库存，确保资源顺利接卸。五是分项目、分单位开展油库成本费用控制，以油库为单元，分环节分项目定期跟踪分析，重点关注变化较大油库，及时查摆原因；严格执行预算管理。监督各油库把控月度、季度预算进度，控制使用节奏，确保油库开支真实、可分析，及时开展月度、季度分析考核，形成常态化管理；提高油库自有库运行效率，降低租赁库周转量，充分发挥三山油库共享油库功能，进一步争取东北公司资源，提高整体周转量。六是非油商品分大类制定各阶段库存目标，按照计划推进降库工作；加强滞销商品的处理，特别是滞销的润滑油、酒类商品，提升动销率；严控采购规模，实施效益化采购，依据销售量低库存采购商品；围绕库存量大的商品，开展组合营销等形式丰富的促销方式，提高库存周转率。

（三）加大科技创新工作力度，以科技创新驱动价值创造

打好创新生态培育攻坚战，提升协同创新能力。做好创新活动策划组织，通过科学创新管理评先和奖励，鼓励创新骨干和技能人才；评定科技先进单位、科技标兵，着力打造具有科技创新推广价值的项目，以新质生产力，为企业高质量发展奠定基石。

打好数字化转型攻坚战，提升智能化发展能力。一是按照总部推广计划，做好大集中 ERP 等统建项目的深度推进，组织相关业务培训，并深化应用；二是优化安徽公司数据应用手册，完善安徽公司数据中台，将各个平台、系统、软件、硬件所产生的数据统一接入、统一管理、统一调配、统

一利用,实现数据的集中管理和更有效的利用,通过高效的数字化运营,助力企业实现"快速市场响应,精细化运营和开源节流"的目标。三是组织人工智能全省培训,开展数据模型开发工作,完成至少 70 个数据模型的开发。

(四)提高公司治理体系和治理能力的现代化,激发价值创造的动力活力

持续完善中国特色现代企业制度,进一步推动党的领导与公司治理有机融合。按照集团要求,深入领会关于推动党的领导落实到公司治理各环节的规定要求,对照集团层面制度文件制修订情况,特别是本部门起草制度中明确要求提交会议审议的事项,在分析本单位近年来提请审议"三重一大"决策事项的基础上,逐项完善两个清单具体内容和事项决策方式。

持续优化提升组织体系,进一步构建新型高效组织。一是明晰管理层级设置及各层级功能定位,实行"省公司—地市(区域)公司"两级管理;二是深化本部部门及直附属机构改革,实现职能有机统一,构建权责一致、分工合理、运行高效、支持有力的公司本部;三是优化基层组织机构和劳动组织形式,改进基层劳动协作方式,提高组织机构快速反应能力和劳动力配置使用效率。

持续深化三项制度改革,进一步激发员工内生动力。适应技术进步和管理创新,加快数字化智能化建设,推动 5G、人工智能、工业互联网、物联网等技术与企业生产经营深度融合,优化完善第三方用工运行机制,深化灵活用工应用场景和应用形式,持续提升劳动效率。

持续完善绩效考核体系,进一步发挥激励约束作用。完善业绩考核指标体系和激励机制。深入推进差异化考核、全员业绩考核,以业绩合同为载体,进一步做实考核评价。结合阿米巴经营推进,完善业绩考核指标体系,不断提升业绩考核的科学性、合理性、导向性。印发《业绩考核与薪酬分配指导意见》,不断促进精准激励持续提升。树牢"业绩靠拼,收入靠挣"理念,健全二次分配制度,充分发挥薪酬分配的激励保障功能,合理调整收入分配差距,提高关键岗位薪酬竞争力。

持续固化对标提升成果,进一步健全管理提升长效机制。进一步加强基层建设、基础工作、基本功训练等"三基"工作,提升规范化、标准化和精益化水平,落实"四同步""四对接"要求,点线面协同发力,一体推进基本组织、基本队伍、基本制度建设,通过库站《两册》推广,确保库站岗位责任制工作成效,实现党的领导与经营管理纵深融合,力争成为行业先进的石油特色专精特新示范企业。

（五）坚持以实现基业长青为根本所在，实现企业高质量发展

加强发展战略引导，聚焦主责主业提高投资回报。投资管理遵循"严谨投资、精准投资、效益投资"的指导思想，建立"量入为出、自我约束"的投资机制，网络发展不再追求规模，投资向重点地区、重点项目倾斜。传统能源仍是当前销售企业主渠道，是生存之本、转型之基，坚定传统油站网络发展不放松。投资项目要做深储备，优中选优，突出效益，持续优化网络布局，精准投资安排，提升开发质量，稳定市场份额。重点深化与安徽交控集团合资合作，充分依托双方已成立的合资公司平台，抢抓安徽省"十四五"期间加密高速公路网契机，加快开发高速站点；省市两级公司持续关注新建站土地竞拍信息，优选部分城区站，科学制定竞拍方案，理性参与竞争，努力低成本发展。

加强资产分类管理，提高资产创效水平。按照"优化增量、盘活存量、管控总量"原则，健全资产分类评价标准和评价方法，开展资产分类评价工作。利用资产分类优化结果，推进资产高效周转、效益增长，要持续加强油非资产整合，充分抓住政府征收、重启投营、改造复营等多契机，积极推进纠纷站及问题站处理，实现资产精益管理。持续推进闲置水上船、土地和房屋盘活，积极对接洗车业务、光伏项目和出租等工作，采取一切合规的手段开展资产盘活工作，实现2024年资产创效1000万元以上。

加强亏损治理法人压减，有效减少亏损源止住出血点。一是持续梳理企业现状，推进低效无效企业逐步纳入清算处置；明确部门职责分工，加强内部协作配合，积极对接外部单位，充分发挥各方合力；持续跟进处置进展，严格落实进度计划，确保压减工作扎实开展，按期完成，不停滞、不落后。二是制定亏损企业治理"一企一策"方案，亏损企业要将注意力放在生存发展、内生动力和造血能力培育上来，采取多种手段推进亏损治理，实现本质扭亏。实施销售和管理费用升级管理，亏损企业严禁新增用工总量，严禁新增租用非生产性用房，严禁新增购置公务用车，严禁新增非生产性投资，除必要的安全隐患治理外，一律不得安排相关用房装修改造，确保管理性支出只降不升。

加强干部和人才队伍建设，加快形成人才资源优势。以技能竞赛、岗位练兵等活动为抓手，运用案例式、情景模拟式和现场教学等多种教学方式，加大高技能人才的培养力度，注重专业人才梯段配备，培育储备青年技术技能人才。

加强依法合规管理，推动法治企业建设迈上新台阶。制定成形合规管理体系运行方案，修订完毕《合规管理实施细则》并予以宣贯，实现合规管理有效运行。围绕合规管理概况、合规风险表现形式及案例分析、制度流程及合规管理相关工作，组织依法合规风险防控专题会。落实《决策涉法事项前置合规性审查管理办法》，规范公司重大项目法律论证行为，防控重大经营事项法律风险。将修订后2023年合同范本库中常见多发合同，录入合同系统，实现在线编辑，进一步防控合同法律风险。根据销售企业所涉法律关系类别，梳理充实安徽公司案例分析库。持续夯实公司合规培训，组织知识产权及广告宣传相关合规培训。

加强全面风险管理，筑牢稳健发展防线。着力构建更科学的风险动态监测预警分析机制。各分公司每月进行运营管理的风险监控，对次月重点风险进行预警和风险工作事项安排。启动安徽公司业务领域管理和运营动态风险季监测和预警机制，编制《风险管理监测预警季报》，季度重点监测公司层面5项重大风险和专业线经营管理重点风险，严格落实各专业线风险管控主体责任。固化内控流程日常监督管理要求，按季组织专业线和各分公司开展内控流程设计评估和内部控制运行监督。

（六）着力更大格局共建共享，营造价值创造的良好生态

加大绿色低碳转型力度，持续提升绿色发展水平。一是通过环境管理平台检查或对加油站现场检查，监督分公司及时开展排污许可证延期换证工作；加强"四不两直"检查，监督分公司对油气回收三项指标的检测工作。二是规模发展光伏发电业务。充分利用屋顶、空地闲置资产，加快库站分布式光伏建设，对于用电量大、消纳比例高、综合效益好的分布式光伏项目做到应上尽上，2024年新投运光伏站30座。三是强化污染物控排措施，提升污染防治水平；加强土壤与地下水风险管理，落实污染风险防控；严守生态保护红线，实施生物保护工程；建立绿色企业评价体系，落实绿色企业对标创建跟踪工作；推进节能提效工作，提升能源节约管控；推进多能源融合发展，构建清洁能源体系；培育绿色低碳文化，打造绿色企业品牌。

加大安全环保管理力度，持续提升本质安全水平。持续加强学习宣贯，切实加强安全生产责任制落实落地；强化监督检查，探索风险管控及过程监管新模式；深化QHSE管理体系建设，突出做好成果转化应用；扎实开展专项治理活动、务求取得实效；强化环保基础管理，提升监测能力，推进绿色企业创建；实施员工全面健康管理，提升员工幸福指数。

加大社会责任践行力度，持续提升共建共享水平。继续加大"抓党建促乡村振兴"帮扶力度，通过"企地"合作，加快乡村振兴步伐，壮大村集体经济收入，建设和美乡村；扎实推进产业帮扶，打造乡村环境新面貌，做大做实村集体经济，改善村民生活，提高村民经济收入；开展消费帮扶工作，进一步加大农企合作力度，持续提高村民收入；结合中国石油开放日，营造良好帮扶氛围。

加大企业品牌建设力度，持续提升文化引领水平。夯实品牌管理基础。推动品牌管理持续向纵深加强，拟定并构建安徽销售品牌管理实施方案和评价指标体系，定期评价通报、编发宣传简报，提升全员品牌意识。构建完善特色品牌矩阵。深耕新质生产力，塑造核心竞争力，推动科技创新、管理创新赋能，在市场开发、效益提升、服务客户、社会公益方面抢占先机，打造"皖美中油"特色品牌。提升品牌形象及影响力。开展聚焦高质量发展、高水平科技自立自强、绿色低碳、媒体开放日等主题宣传或文化活动，建强公司"一网两微一端"融媒体传播矩阵，整合品牌营销传播，加大正面宣传，提升传播有效性影响力。

第三节

湖北销售"五个一流"综合评价指标体系

一、指标体系设置说明

（一）一流的创效能力

一流的创效能力主要从零售、非油两个维度进行评价，涉及纯枪销量、纯枪同比增幅、纯枪毛利、吨油纯枪毛利、非油收入、非油收入增幅、非油毛利、非油毛利率8项指标。

（二）一流的发展质量

一流的发展质量主要从效率、协同、财务三个维度进行评价，涉及全员人均纯枪量、平均单站日销量、平均单店非油收入、纯枪吨油营销成本、零售相对市场份额、油非转换率、营业收入利润率、净资产收益率、资产负债率、自由现金流、EVA共11项指标。

（三）一流的风险管控

一流的风险管控主要涉及QHSE体系建设和审核评价、神秘顾客访问得分、"两金"压控考核、内控评价得分、法治建设考评、廉洁风险防控 6 项指标。

（四）一流的人才队伍

一流的人才队伍主要涉及人均素质当量和领导人员继任优良指数 2 项指标。其中人均素质当量指标评估的是人才队伍整体发展状况；领导人员继任优良指数评估的是二级正副职及三级正副职领导人员继任干部队伍整体结构情况。

（五）一流的党建水平

一流的党建水平主要涉及定量指标党建工作责任制考核得分 1 项指标。

二、"五个一流"指标完成情况及目标值

（一）"五个一流"指标完成情况

1. 一流的创效能力

一流的创效能力主要从零售、非油两个维度进行评价，涉及纯枪销量、纯枪同比增幅、纯枪毛利、吨油纯枪毛利、非油收入、非油收入增幅、非油毛利、非油毛利率 8 项指标。

2. 一流的发展质量

一流的发展质量主要从效率、协同、财务三个维度进行评价，涉及全员人均纯枪量、平均单站日销量、平均单店非油收入、吨油营销成本、零售相对市场份额、油非转换率、营业收入利润率、净资产收益率、资产负债率、自由现金流、EVA 11 项指标。

3. 一流的风险管控

一流的风险管控主要涉及 QHSE 体系建设和审核评价、神秘顾客访问得分、"两金"压控考核、内控评价得分、法治建设考评、廉洁风险防控 6 项指标。

4. 一流的人才队伍

一流的人才队伍主要涉及人均素质当量和领导人员继任优良指数 2 项指标。

5. 一流的党建水平

一流的党建水平主要涉及定量指标党建工作责任制考核得分 1 项指标。

（二）奋斗目标完成情况

"五个一流" 28 项关联指标中，纯枪毛利、非油收入、非油收入增幅、

非油毛利、吨油营销成本、神秘顾客访问得分、法治建设考评、廉洁风险防控、党建工作责任制考核得分9项指标，达到了2025年销售企业奋斗排名目标，其他19项关联指标均未达到奋斗目标，且部分指标排名靠后。

三、"价值创造"指标完成情况

（一）资源价值指标

围绕资源价值，加快推进绿色低碳转型和清洁能源供给，筑牢担当能源保供"顶梁柱"的根基，保障市场稳定供应和经济社会用能需求。其指标主要包括投运光伏电站数量、投运充换电站数量2项指标。

（二）经营价值指标

围绕经营价值，坚持以质量第一效益优先为本质要求，认真抓实各项提质增效举措，聚焦效益效率关键指标，提高价值创造质量水平。其指标主要包括利润总额、净利润、资产负债率、净资产收益率、经济增加值率、营业现金比率、吨油营销成本、纯枪销量、纯枪同比增幅、非油收入、非油收入增幅、神秘顾客访问得分排名12项指标。

（三）创新价值指标

围绕创新价值，以科技创新驱动价值创造，打造价值创造的关键引擎。其指标主要包括研发经费投入强度、数字化建设应用考核排名2项指标。

（四）治理价值指标

围绕治理价值，进一步深化改革，破除制约价值创造的体制机制障碍，推动公司治理体系和治理能力现代化。其指标主要包括全员劳动生产率、人才队伍建设考核得分、党建责任制考核3项指标。

（五）长期价值指标

围绕长期价值，坚持可持续发展，严格投资管理，清理处置低效无效资产，深入实施人才强企工程，以合规管控等手段保障长期价值创造。其指标主要包括总资产报酬率、法治建设考核排名2项指标。

（六）社会价值指标

围绕社会价值，积极履行社会责任，坚持绿色发展，弘扬优秀的石油企业文化，营造价值创造的良好生态。其指标主要包括工业生产安全事故、单位经营量（转输量）温室气体排放量2项指标。

第四节
指标应用总结与研究结论

一、指标应用总结

建设"国际知名、国内一流"的油气氢电非综合能源服务商是中国石油销售企业的重要战略目标。在销售公司指标体系建设过程中,各销售企业能够因地制宜、因势利导,形成了各有特色的指标应用体系。从应用角度来看,指标体系的主要作用在于为企业发展提供可参考的量化指标,并通过对标给出相应的优劣差距;同时,在方法和维度上进行通用性的建议,供各销售企业根据自身的实际情况进行选择和优化。从案例的应用情况来看,主要包括三个方面的启示。

指标体系可用于规范考评,有效指导企业高质量发展。广西销售等公司在"国际知名、国内一流"的油气氢电非综合能源服务商指标体系的基础上,通过指标维度细化、指标权重确定、指标数据考评等方式,将企业发展与纵横对标全部量化,实现了对考核评价的标准化,为企业的发展和考核评价提供了有益的参考。

指标体系可用于对标先进,实施企业价值创造行动。安徽销售等公司将"国际知名、国内一流"的油气氢电非综合能源服务商指标体系进一步细化为具体的对标指标,在符合公司发展的前提下,与优秀公司开展指标的对标评比。通过动态的年度数据指标对标,实现取长补短,迭代优化,不断落实对标任务强化企业价值创造,助力企业提质增效。

指标体系可指导企业战略规划,实现企业发展奋斗目标。湖北销售等公司因地制宜,以"五个一流"等方式将"国际知名、国内一流"的油气氢电非综合能源服务商指标体系进行了具象化,并将指标的完成情况和进一步落实措施形成方案闭环,为企业的进一步发展奠定基础。

二、研究结论

承接集团公司创建世界一流企业标准,围绕"油气氢电非"业务,明确创建"国际知名、国内一流"企业五项标准。即供给高效、产品卓越、品牌卓著、创新领先、治理现代等五个方面,并按照战略引领的目标,设计35项指标形成核心指标体系,按照2025、2030、2035等年份分阶段给出相应指标值（表5-2）。

表5-2 "国际知名、国内一流"油气氢电非综合能源服务商指标体系

指标维度	指标类别	指标名称	单位	2023年	2025年	2030年	2035年
供给高效	（一）能源供应	成品油直炼交货计划完成率	%				
		国内成品油自营销量◆	万吨				
		天然气销售量◆	万吨				
	（二）设施能力	运营加油站数量	座				
		充电枪数量	万把				
		LNG加气站数量◆	座				
		便利店数量◆	座				
产品卓越	（三）营销服务能力	国内成品油市场占有率★	%				
		航煤市场占有率	%				
		昆仑网电平台总用户数量	万个				
		高标号汽油（95号及以上）占汽油零售比例	%				
	（四）非油发展水平	集采规模增速	%				
		自有商品收入增速	%				
品牌卓著	（五）品牌影响力	客户回访满意度	%				
		"昆仑好客"品牌价值增长率	%				
创新领先	（六）创新要素	公司科技与数智化研发投入规模	万元				
	（七）创新产出	公司当年科技成果数量（每年新增申请及授权的专利、软著数量）	项				
		公司当年优秀成果数量（获得政府、集团公司、销售公司评定的优秀科技与数智化成果数量）	项				
	（八）数字化转型	线上注册客户数	亿人				
		数字化场景覆盖率	%				
		网点数字化自动采集率	%				
治理现代	（九）盈利能力	利润总额	亿元				
		非油利润◆	亿元				
		净利润★	亿元				
		净资产收益率★	%				
		EVA率（EVA/调整后资本）★	%				

第五章 实证研究与案例分析

续表

指标维度	指标类别	指标名称	单位	2023年	2025年	2030年	2035年
治理现代	（九）盈利能力	营业现金比率	%				
	（十）运营管理能力	全员劳动生产率★	万元				
		油库周转次数	次				
		吨油营销成本★	元/吨				
		全级次企业亏损面★	%				
	（十一）人才建设	人力资源质量指数	分值				
	（十二）公司治理水平	地区公司发展能力评价指数（治理体系治理能力现代化水平★）	分值				
	（十三）风险管理能力	资产负债率★	%				
		较大及以上生产安全事故，较大及以上质量计量责任事故，较大及以上环境责任事件★	起				

★承接集团公司指标体系的指标；◆体现公司发展战略的指标。

在具体落实方面，以对标与价值创造、考核与评价等两个具体场景为依托，形成应用于不同场景的指标体系，保证销售业务"国际知名、国内一流"战略目标的实现。

（1）全面加强组织领导。

公司党委抓总、分管领导分头落实，建立形成销售公司党委统一领导、职能部门分工负责、地区公司业务统筹、各单位执行落实的工作机制，形成上下联动、层层推进的工作合力，确保各项任务落实落细。

（2）建立评价考核体系。

加快构建建设"国际知名、国内一流"的油气氢电非综合服务商综合评价体系，建立评估机制，坚持定量和定性、客观评价和主观评价相结合，全面反映建设"国际知名、国内一流的油气氢电非综合服务商"工作成效。对工作推进不力、落实政策不到位的部门和单位进行通报。

（3）健全完善政策机制。

公司职能部门要结合自身职责，加强对地区公司的指导督促，根据本方案有针对性出台专项政策，并加强对改革实验、政策实施的监督检查。根据各地区公司建设需要，在科技创新、智能化建设、三项制度改革、品牌建设等方面给予改革授权,涉及重大项目、重要规划的,要依法依规办理并按程序报批。

(4)加强宣传及示范推广。

各单位设立建设"国际知名、国内一流"的油气氢电非综合服务商工作专栏,大力宣传推广创新创优典型案例,营造良好氛围。建立健全示范推广机制,及时总结好的经验做法,归纳提炼体制机制创新成果,成熟一批、推广一批,发挥好对其他地区公司的示范带动作用。

参 考 文 献

[1] Newman W H, Chen M J. World-Class Enterprises: Resource Conversion and Balanced Integration, Challenges for Global Enterprise in the 21st Century. Academy of Management National Meetings, 1999.

[2] Lee S M, Kim B O. Developing the information systems architecture for world-class organizations. Management decision, 1996, 34 (2): 46-52.

[3] Debra H. Getting to world-class supply chain measurement. Supply chain management review, 2006, 10 (7): 18-24.

[4] Drucker, P. Innovation and Entrepreneurship. Harper & Row, New York, 1954.

[5] Porter, M. E. Competitive Advantage: Creating and Sustaining Superior Performance. New York: Free Press, 1985.

[6] Pfeffer, J. Organizations and Organization Theory. Pitman: Marshfield, 1982.

[7] Collis D J. Research Note: How Valuable are Organizational Capabilities. Strategic Management Journal, 1994, 15 (S1): 143-152.

[8] 麦肯锡. 完善系统对标, 推动管理转型, 打造世界一流企业. 2012.

[9] 德勤华永会计师事务所. 对标世界一流企业: 做优做强, 管理提升之路. 北京: 经济管理出版社, 2013.

[10] 罗兰贝格. 中国如何造就全球龙头企业. 中国工业评论, 2017, (7): 18-25.

[11] 波士顿咨询公司. 打造全球一流的价值创造型企业集团. 2017.

[12] Helfat C E, Peterafma. The dynamic resource-based view: capability lifecycles. Strategic management journal, 2003, 24 (10): 997-1010.

[13] Hobday M. East Asian latecomer firms: learning the technology of electronics. World development, 2004, 23 (7): 1171-1193.

[14] Zhu H, Zhang M Y, LIN W. The fit between business model innovation and demand-side dynamics: catch-up of China's latecomer mobile handset manufacturers. Innovation: management, policy & practice, 2017, 19 (2): 1-21.

[15] Minin A D, Zhang J. An exploratory study on international R&D strategies of Chinese companies in Europe. Review of policy research, 2010, 27 (4): 433-455.

[16] Getz I. Liberting leadership: how the initiative-freeing radical organizational form has been successfully adopted. California management review, 2009, 51 (4): 32-58.

[17] Haleem A, Sushil, Qadrima, et al. Analysis of critical success factors of world-class manufacturing practices: an application of interpretative structural modelling and interpretative ranking process. Production planning & control, 2012, 23 (10-11): 722-734.

[18] 胡鞍钢. 详析世界一流企业: 入列世界500强 位居同行前20, 人民网, 2017-12-22, http://industry.people.com.cn/n1/2017/1222/c413883-29742098.html.

[19] 李月清. 加快建设世界一流企业. 中国石油企业, 2023, (09): 32-33.

[20] 黄群慧，余菁，王涛. 培育世界一流企业：国际经验与中国情境. 中国工业经济，2017，(11)：5-25.

[21] 杨杜，欧阳东. 迈向世界一流企业的管理. 企业管理，2012，(4)：22-23.

[22] 杨杜. 企业成长论. 北京：中国人民大学出版社，1996.

[23] 潘石，董经纬. 中央企业改革发展目标：国际"一流"企业. 吉林大学社会科学学报，2013，53（2）：90-97.

[24] 刘泉红. 加快建设世界一流企业. 学习时报，2023-03-08.

[25] 李锦. 加快建设世界一流企业 从理解标准开始——解读中央24次深改会世界一流企业的16字标准. 企业家日报，2022-03-04.

[26] 建设有国际竞争力的世界一流企业. 经济日报，2011-11-10（006）.

[27] 张文魁. 世界一流企业的八个特征. 港口经济，2012，(2)：26-26.

[28] 周原冰. 什么样的企业称得上"世界一流". 国家电网报，2012-01-17.

[29] 国务院国有资产监督管理委员会. 做强做优中央企业、培育具有国际竞争力的世界一流企业要素指引. 2013.

[30] 黄速建，肖红军，王欣. 论国有企业高质量发展. 中国工业经济，2018（10）：19-41.

[31] 董福贵，吴南南，杨尚东，等. 具有全球竞争力的世界一流企业的特征及培育路径——以电网企业为例. 现代经济探讨，2018（3）：97-104.

[32] 杨莲娜，冯德连. 中国企业迈向世界一流：多维度评价、差距与解决方案. 江淮论坛，2020，(01)：90-97.

[33] 王丹，刘泉红. 加快建设世界一流企业促进形成新发展格局. 宏观经济管理，2021，(05)：14-20+27.

[34] 许保利，聚焦集团改革 做强做优做大国有企业. 中国证券报，2021-04-26.

[35] 李政，刘涛. 2023. 建设世界一流国有企业：内涵特征、测度方法与发展方向. 政治经济学 季刊，2（2）：1-21.

[36] 陈劲，童亮，戴凌燕. 中国企业R&D国际化的组织模式研究. 科学学研究，2003，21（4）：391-395.

[37] 殷群. "世界级"创新型企业成长路径及驱动因素分析——以苹果、三星、华为为例. 中国软科学，2014（10）：174-181.

[38] 苏敬勤，高昕. 中国制造企业的低端突破路径演化研究. 科研管理，2019，40（2）：86-96.

[39] 张振刚，陈一华，肖丹. 世界一流制造企业的特征、演进与启示. 中国科技论坛，2020，(07)：99-110.

[40] 崔新健，欧阳慧敏. 中国培育具有全球竞争力的世界一流企业：进展、差距和策略. 经济学动态，2020（5）：28-40.

[41] 王勇. 做强做优中央企业 培育具有国际竞争力的世界一流企业. 国有资产管理，2011（1）：4-8.

[42] 王欣. 党的十八大以来中央企业建设世界一流企业的实践探索与基本经验. 改革, 2023, (02): 28-46.

[43] 刘宝成, 包卡伦, 陈星光. 世界一流企业的评价标准及其对我国的启示. 经济导刊, 2023, (10): 28-34.

[44] 余敏. 我国中小型国有企业改制过程中的利益冲突及其对策. 东南大学, 2005.

[45] 程志强. 积极探索国有企业发展混合经济的路径. 人民网, http://opinion.people.com.cn/n/2014/0604/c1003-25102084.html.

[46] 国务院国资委研究中心. 中央企业高质量发展报告（2021）. 北京：中国经济出版社，2022.

[47] 国务院国资委党委. 坚持党的领导、加强党的建设是国有企业的"根"和"魂". 国资报告, 2021 (10): 6-10.

[48] 孟庆斌. 世界一流企业评价体系与中国上市公司建设世界一流企业发展［WED］指数研究. 2023-3-27.

[49] 刘天阳, 邵婧婷, 张苹. 世界一流企业评价指标体系. 金融文坛, 2022, (01): 3-19.

[50] 蒋元剑, 袁少荣, 徐书锋. 一流企业评价体系的构建与实践. 能源研究与管理, 2021, (03): 100-103.

[51] 何志毅, 世界一流企业的要素、指标和试算. 上海证券报, 2022-08-17.

[52] 陈劲, 国容毓, 刘畅. 世界一流创新企业评价指标体系研究. 创新科技, 2020, 20 (06): 1-9.

[53] 李政. 我国国有企业的使命担当与主要任务——深入学习习近平总书记关于国资国企工作的重要论述. 国家治理, 2023, (22): 62-69.

[54] 周剑波. 世界一流煤炭企业建设指标体系研究. 中国煤炭, 2019, 45 (3).

[55] 张文杰, 姜思宇. 世界一流航天企业集团指标体系探索研究与构建. 中国航天, 2018 (09).

[56] 王利政, 李俊彪, 王浩. 中国发电集团建设世界一流企业评价及建议. 中国科技论坛, 2013 (10).

[57] 国家电网有限公司. 国家电网：加快建设世界一流能源互联网企业. 现代国企研究, 2019 (5).

[58] 单洪青, 王曦. 具有全球竞争力的世界一流能源化工公司研究. 当代石油石化, 2018 (2).

[59] 李可超. 关于中国邮政创建世界一流企业的初步思考. 中国邮政, 2018 (3).

[60] 潘涛, 万宏, 吴谋远等. 世界一流石油企业评价指标体系构建及应用. 国际石油经济, 2019, 27 (07): 1-9.

[61] 全华强. 建设世界一流财务管理体系的华润实践. 国资报告, 2023, (02): 82-86.

[62] 华润集团：深化卓越运营管理 着力打造企业核心竞争力. 国务院国有资产监督管理委员会, 2022-11-25. http://www.sasac.gov.cn/n2588025/n2588124/c26568832/

[63] 华润集团：以"1246"模式 推动世界一流企业创建工作. 国务院国有资产监督管理委员会, 2023-06-01. http：//www.sasac.gov.cn/n4470048/n13461446/n15390485/n15769618/c28016613/content.html

[64] 程慧. 中国移动打造世界一流企业的蓝图与路径. 通信世界, 2023, (01)：39-41.

[65] 中国移动：引领产业创新 勇担时代使命 加快构建世界一流信息服务科技创新公司. 国务院国有资产监督管理委员会, 2022-11-22. http：//www.sasac.gov.cn/n4470048/n22624391/n26505260/n26505265/c26553501/content.html

[66] 中国移动打造运营全领域信息化管理体系 加快数智化转型 推动高质量发展. 国务院国有资产监督管理委员会, 2023-03-10. http：//www.sasac.gov.cn/n2588025/n2588124/c27412082/content.html

[67] 吕萌. 高旭东：中国移动20年"创建世界一流企业"带来的三点启示. 通信世界, 2020, (32)：24.

[68] 加快转型升级深化改革创新——中国移动2020年工作会提出奋力开创世界一流示范企业建设新局面. 中国电信业, 2020, (01)：46-48.

[69] 郭倩. 勇担"三个主力军"创建世界一流企业. 经济参考报, 2021-07-12 (001).

[70] 窦一清, 蔡高楼, 金叶等. 创建具有全球竞争力的世界一流示范企业——基于11家央企对标研究. 企业管理, 2022, (12)：44-48.

[71] 安徽海螺：对标先进促发展 奋力赶超创标杆 加快创建具有全球竞争力的世界一流企业. 国务院国有资产监督管理委员会, 2023-06-19. http：//www.sasac.gov.cn/n4470048/n13461446/n15390485/n15769618/c28168397/content.html

[72] 海螺集团：走高质量发展道路争创世界一流. 中国建材, 2020, (12)：60-63.

[73] 本刊记者. "一强三冠"世界一流——安徽海螺集团党委书记、董事长高登榜访谈录. 中国建材, 2019, (11)：46-51.